Fabian Lenk
Die Zeitdetektive
Mozart und der Notendieb

Fabian Lenk

Die Zeitdetektive

Mozart
und der Notendieb

Band 28

Mit Illustrationen von Almud Kunert

Ravensburger Buchverlag

Bibliografische Information der Deutschen Nationalbibliothek:

Die Deutsche Nationalbibliothek verzeichnet diese Publikation in der Deutschen Nationalbibliografie; detaillierte bibliografische Daten sind im Internet über **http://dnb.d-nb.de** abrufbar.

Das für dieses Buch
verwendete FSC-zertifizierte Papier liefert
Arctic Paper Mochenwangen GmbH

1 2 3 4   16 15 14 13

© 2013 Ravensburger Buchverlag Otto Maier GmbH
Umschlag und Innenillustrationen: Almud Kunert
Lektorat: Jo Anne Brügmann

Printed in Germany

ISBN 978-3-473-36976-8

www.ravensburger.de
www.fabian-lenk.de
www.zeitdetektive.de

Inhalt

Große Talente 9
Ertappt 20
Böse Gerüchte 37
Der Überfall 50
Streng geheim 60
Das Duell der Wunderkinder 67
Wenn das letzte Licht erloschen ist 85
Der Brief 92
Diebe wider Willen 96
Im Untergrund 105
Auf der Lauer 115
Die Verwandlung 122
Die Überraschung 128
Eine süße Belohnung 141

Wolfgang Amadeus Mozart –
das kurze Leben eines Genies 144
Glossar 149

Kim, Julian, Leon und Kija – die Zeitdetektive

Die schlagfertige Kim, der kluge Julian, der sportliche Leon und die rätselhafte, ägyptische Katze Kija sind vier Freunde, die ein Geheimnis haben …

Sie besitzen den Schlüssel zu der alten Bibliothek im Benediktinerkloster St. Bartholomäus. In dieser Bücherei verborgen liegt der unheimliche Zeit-Raum „Tempus", von dem aus man in die Vergangenheit reisen kann. Tempus pulsiert im Rhythmus der Zeit. Es gibt Tausende von Türen, hinter denen sich jeweils ein Jahr der Weltgeschichte verbirgt. Durch diese Türen gelangen die Freunde zum Beispiel ins alte Rom oder nach Ägypten zur Zeit der Pharaonen. Aus der Zeit der Pharaonen stammt auch die Katze Kija – sie haben die Freunde von ihrem ersten Abenteuer in die Gegenwart mitgebracht.

Immer wenn die vier Freunde sich für eine spannende Epoche interessieren oder einen mysteriösen Kriminalfall in der Vergangenheit wittern, reisen sie mithilfe von Tempus dorthin.

Tempus bringt die Gefährten auch wieder in die Gegenwart zurück. Julian, Leon, Kim und Kija müssen nur an den Ort zurückkehren, an dem sie in der Vergangenheit gelandet sind. Von dort können sie dann in ihre Zeit zurückreisen.

Auch wenn die Zeitreisen der Freunde mehrere Tage dauern, ist in der Gegenwart keine Sekunde vergangen – und niemand bemerkt die geheimnisvolle Reise der Zeitdetektive ...

Große Talente

Leon schloss die Augen. In Zeitlupe führte er den Eislöffel an seine Lippen. „Hm, lecker!"

Zusammen mit seinen Freunden Kim und Julian saß Leon mal wieder in der definitiv besten Eisdiele der Welt, dem Venezia, in seinem Heimatstädtchen Siebenthann. Und natürlich war auch Kija, die bildschöne Katze, mit von der Partie. Sie lag auf einem Stuhl neben Kim und blinzelte in die warme Frühlingssonne. Das Schälchen vor Kijas Nase, in dem gerade noch eine Kugel Vanilleeis gelegen hatte, war blitzblank ausgeschleckt.

„Ja, hier müsste man jeden Tag sitzen können", sagte Julian versonnen.

„Keine Chance", kam es von Kim. „Dazu haben wir einfach oft zu viele Hausaufgaben und außerdem reicht unser Taschengeld nicht."

Leon streckte die Füße unter dem Tisch aus. „Du sagst es. Aber schaut mal, wer da kommt! Ist das nicht … doch, das ist Alexander."

Ein Junge kam die steile Gasse herauf. Er trug einen Kasten auf dem Rücken.

„Oh, ich glaube, dass Alex zum *Cello*-Unterricht muss", sagte Leon.

Alexander ging in ihre Klasse. Der blasse Junge mit der spitzen Nase war ein großes Musiktalent. Er hatte Leon einmal erzählt, dass er bereits seit seinem dritten Lebensjahr Musikunterricht bekam. Als Alexander sechs Jahre alt geworden war, hatten ihm seine Eltern die erste Geige geschenkt. Wenig später war Alexander auf Cello umgestiegen – und hatte es innerhalb weniger Jahre zu einer richtigen kleinen Berühmtheit gebracht. Mehrmals im Jahr trat er mit einem Orchester auf, dessen Mitglieder erheblich älter waren als er. Und ab und an kamen sogar Fernsehteams und er wurde interviewt und beim Musizieren gefilmt. Niemand in Siebenthann zweifelte daran, dass Alexander später einmal ein großer Musiker werden würde.

Doch der frühe Ruhm hatte Alexander nicht verändert, er war ein stiller und in sich gekehrter Junge geblieben.

Nun hatte Alexander sie erreicht. Er hob grüßend die Hand.

Leon deutete auf den Stuhl, auf dem die Katze lag. „Setz dich doch, ich kann Kija auf den Schoß nehmen", bot er an.

„Ne, lass mal", winkte Alexander ab. „Ich habe noch Unterricht."

„Nur eine Kugel Eis, komm schon."

„Nein, geht nicht." Alexander sah auf seine Uhr. „In zehn Minuten muss ich bei meinem Lehrer sein. Und der hasst Verspätungen."

Leon hob die Schultern. Dann drückte er den Löffel in seine Eiskugel, die zu seinem Bedauern schon ziemlich klein geworden war. „Schade", sagte er. „Wie oft im Monat hast du eigentlich Unterricht?"

Alexander sah ihn entgeistert an. „Im Monat? Ich habe dreimal in der Woche je eine Doppelstunde Unterricht. Außerdem übe ich jeden Tag ein bis zwei Stunden zu Hause."

Leon staunte. „Nicht schlecht. Und das macht dir ... äh ... Spaß?"

Nachdenklich sah Alexander Leon, Kim und Julian der Reihe nach an. „Spaß? Ja, meistens schon." Er zögerte. „Aber manchmal ist es auch eine ziemliche Quälerei. Doch jetzt muss ich weiter. Viel Spaß noch mit eurem Eis."

„Ja, und dir viel Spaß mit deinem Cello!", rief Leon ihm hinterher.

„Das wäre mir viel zu stressig", sagte er zu seinen Freunden, sobald Alexander außer Hörweite war.

„Mag sein, aber Alexander ist schon ziemlich berühmt", warf Kim ein. „Ohne das ständige Üben hätte er das bestimmt nie geschafft."

„Stimmt, er hat jedoch kaum

11

Freizeit", entgegnete Julian. „Und einige halten ihn für einen doofen Streber, weil er ständig zum Cello-Unterricht rennt."

Leon verdrückte die Reste seiner Eisportion. „Alexander ist kein Streber und auch nicht doof. Und klar, er hat Erfolg. Aber ich möchte trotzdem nicht mit so einem Wunderkind tauschen!"

Kim lächelte. „Wunderkind? Dann ist Alexander unser kleiner *Wolfgang Amadeus Mozart* aus Siebenthann."

„Na ja, Mozart war doch schon als Kind ein gefeierter Superstar!", warf Julian ein. „Und so weit ist Alexander noch nicht."

Leon schob seinen leeren Eisbecher zur Seite. „Okay, aber wer weiß, was da noch kommt. Denkt ihr, dass Mozart als Kind glücklich war?"

„Klar", erwiderte Julian, „er konnte ja schließlich viel mehr als alle anderen in seinem Alter."

„Da wäre ich mir nicht so sicher", widersprach Leon. „Schließlich ist es auch toll, ganz normal zu sein, Fußball zu spielen oder mit Freunden ein Eis essen zu gehen – statt ständig zum Musikunterricht zu müssen!"

Kim nickte. „Da ist was dran. Womöglich hatte Mozart gar keine Freunde, weil er immer nur seine Musik im Kopf hatte. Vielleicht wurde er ja auch zu diesen Höchstleistungen gedrillt!"

„Keine schöne Vorstellung", meinte Leon. „Und

wisst ihr was? Dieser Wunderknabe namens Mozart beginnt mich immer mehr zu interessieren. Kommt, wir schauen in unserer Bibliothek vorbei und recherchieren ein wenig. Vielleicht finden wir ja heraus, ob Mozart eine schöne Kindheit hatte."

Kim und Julian waren einverstanden – und so bezahlten die Freunde ihre Eisbecher und liefen schnurstracks zum altehrwürdigen Bartholomäus-Kloster.

Wie immer wählten die Freunde einen Zeitpunkt, zu dem die Bibliothek für normale Benutzer geschlossen war – denn nun gehörte sie ihnen allein. Schließlich besaß Julian einen Schlüssel zum Reich der Bücher.

Sie marschierten diesmal nicht in den Trakt, in dem die Geschichtsliteratur untergebracht war, sondern in den Bereich, wo es Bücher über Musik, aber auch *Biografien* berühmter Musiker gab.

Kim und Julian schritten suchend die Regale ab, während Leon einen PC hochfuhr und im Internet zu recherchieren begann. Kija beobachtete das konzentrierte Tun ihrer Freunde eine kurze Zeit lang und entdeckte dann, dass das Kabel, an dem die Maus des Computers hing, ein wunderschönes Spielzeug darstellte.

Zack! Mit einem Satz war die Katze am Rechner, schnappte sich das sanft schaukelnde Kabel und zog daran.

„Kija!", rief Leon. „Diese Maus gehört mir!"

Schmollend zog sich die Katze auf eine Fensterbank zurück.

„Wir können später zusammen spielen", versuchte der Junge, Kija zu trösten. „Zum Beispiel Fußball. Du gehst wieder ins Tor." Leon wusste, dass Kija Fußball liebte und im Tor nur schwer zu überwinden war. Aber die Katze schmollte weiter.

Leon seufzte, startete eine Suchmaschine und stieß gleich auf zahlreiche Seiten, die sich mit Mozarts Leben befassten. Der Junge vertiefte sich in die Texte.

Auch Kim und Julian waren fündig geworden. Bewaffnet mit je einem Buch ließen sie sich an Tischen in Leons Nähe nieder.

„Oh", sagte Leon. „Mozart hatte sechs Geschwister, aber fünf davon sind kurz nach der Geburt gestorben – wie traurig. Nur eine Schwester mit dem Namen *Maria Anna Walburga Ignatia*, die offenbar von allen nur Nannerl genannt wurde, wuchs mit ihm auf. Sie wurde wie Wolfgang in *Salzburg* geboren und zwar im Juli 1751. Somit war sie viereinhalb Jahre älter als Wolfgang, der auch einen Spitznamen hatte: Wolferl."

„Ja", ergänzte Julian, von seinem Buch hochschauend. „Und bereits im Alter von vier Jahren erhielt Wolfgang von seinem Vater *Leopold* Musikunterricht. Er lernte *Cembalo* zu spielen, den Vorläufer unseres Klaviers."

Kim hob die Hand wie in der Schule. „Nicht nur er. Auch Nannerl wurde vom Vater unterrichtet, steht hier. Leopold Mozart war wohl ein großartiger Komponist, Musiker und Lehrer. Er war *Vizekapellmeister* am Salzburger Hof, kümmerte sich dann aber vor allem um die Karriere seiner Kinder."

Leon sah seine Freunde nachdenklich an. „Ob diese Karriere Wolfgang Spaß gemacht hat?", überlegte er laut.

„Gute Frage", sagte Julian. „In meinem Buch steht, dass Wolfgang bereits im Alter von sieben Jahren zum ersten Mal etwas komponiert hat! Ist das nicht irre?"

Leon nickte. Dann las er weiter und erfuhr, dass Vater Leopold mit Wolfgang, Nannerl sowie seiner Frau *Anna Maria* jahrelange Konzertreisen unternommen hatte, um die Wunderkinder dem Adel zu präsentieren – unter anderem in München und *Wien*.

„Mit elf Jahren schrieb Wolfgang seine erste Oper, allerdings mit zwei anderen Musikern zusammen", zitierte Leon aus seiner Quelle. „Und als Zwölfjähriger komponierte er eine *Buffa*, deren *Partitur* 558 Seiten umfasste."

Kim zog die Stirn kraus. „558 Seiten – einfach unglaublich! Aber was ist das, eine Buffa?"

Leon wusste es auch nicht und startete eine weitere Suche im Internet. „Ah, ich hab's: Das ist eine komische Oper, in der es viel zu lachen gibt. Die Hauptfiguren sind keine Adligen, sondern einfache Leute wie Diener oder Bauern."

„Wieder was gelernt", sagte Julian. „Also, Wolfgang war wirklich enorm talentiert. Aber dummerweise war er damals ja ständig auf Reisen. Wie sollen wir ihm da einen Besuch abstatten, um herauszufinden, wie seine Kindheit war?"

Leon schnippte mit den Fingern. „Diese Internetseite bringt mich auf eine Idee. Zwischen Januar 1768 und Oktober 1769 hielten sich die Mozarts in Wien auf, steht hier. Und dort komponierte Wolfgang im Auftrag von Kaiser *Joseph II.* zwischen April und Juli 1768 diese Buffa. Sie hatte den Namen ‚*La finta semplice*', was so viel wie ‚Der verstellte Einfältige' bedeutet. Wie wär's, wenn wir Tempus einen kleinen Besuch abstatten? Lasst uns nach Wien reisen – und zwar in den Sommer des Jahres 1768, als Wolfgang dieses lustige Werk vollendet hatte!"

Kim klappte ihr Buch zu. „Gute Idee, aber wie willst du an ihn herankommen?"

Leon lächelte. „Vielleicht können wir ja Musikunterricht bei seinem Vater nehmen. Dann lernen wir auch Wolfgang kennen!"

„Das könnte funktionieren", meinte Julian. „Ich war noch nie in Wien. Ihr?"

Die beiden anderen verneinten.

Julian kam zu Leon und deutete auf die Tastatur. „Lass mich mal."

Leon sah seinem Freund dabei zu, wie er eine Bildersuche startete – und Sekunden später waren auf dem Bildschirm Fotos von Wien zu sehen. Gemeinsam zappten sie sich durch die Bilder und lernten berühmte Wiener Gebäude wie den *Stephansdom,* die *Karlskirche* oder die *Hofburg* kennen.

„Wunderbar! Das macht noch mehr Lust auf einen Besuch!", rief Leon begeistert. „Kommt ihr?"

„Na klar!"

Sie fuhren den Rechner herunter und stellten die Bücher zurück.

Leon war schon fast an der Tür, als er sich noch einmal umdrehte. „Und was ist mit dir, Kija? Bist du immer noch beleidigt?"

Die Katze erhob sich demonstrativ langsam von der Fensterbank, gähnte herzhaft, sprang dann aber zu den Freunden und gab Leon Köpfchen.

„Prima, alles wieder in Butter", sagte Leon erleichtert.

Dann flitzten sie in einen angrenzenden Lesesaal. Der Zeit-Raum Tempus war hinter einem hohen Regal verborgen, das auf einer Schiene bewegt werden konnte. Gemeinsam schoben die Gefährten das Regal zur Seite – und nun war eine Tür zu sehen, die mit diabolischen Fratzen und mysteriösen Symbolen verziert war. Niemand außer den Freunden wusste von der Existenz dieser Tür und dem Zeit-Raum, der sich dahinter befand.

Leon zog die schwere Pforte auf und schlüpfte mit seinen Freunden hindurch. Sie fiel mit einem dumpfen Ton hinter ihnen ins Schloss.

Tempus erwartete sie wie üblich mit einem blauen Nebel, der eine Orientierung so gut wie unmöglich machte. Nur ab und zu schälten sich die Umrisse von weiteren Türen aus dem Dunst. Über jedem dieser Tore stand eine Jahreszahl, doch gehorchte die Anordnung dieser Zahlen keiner Logik. Tempus hatte sie wahllos durcheinandergewürfelt.

Leon ächzte. Es würde vermutlich wieder eine schwere Suche werden. Er nahm Kija auf den Arm und ging unsicher voran. Der Boden klopfte im Rhythmus der Zeit gegen seine Schuhsohlen und dem Jungen kam es so vor, als spürte er das uralte Herz von Tempus schlagen. Von allen Seiten waren beunruhigende Geräusche zu hören: eine Sirene, das Knurren eines großen Hundes, das Weinen eines Kindes.

Julian und Kim hielten sich dicht hinter Leon. Sie schienen darauf zu vertrauen, dass er die richtige Tür mit der Jahreszahl 1768 fand. Nur wie?

Die Freunde hatten Glück: Tempus half ihnen. Unvermittelt riss der Strom der beängstigenden Geräusche ab, mit einem Schlag war es totenstill. Irritiert blieb

Leon stehen. Er lauschte. Und plötzlich vernahm er ein neues Geräusch – es war der Klang eines Cembalos, eine fröhliche Melodie, die ihn regelrecht verzauberte. Leon schaute in die Richtung, aus der die schöne Musik kam. Und dort war sie, die Tür mit der richtigen Jahreszahl!

Schnell liefen die Gefährten zum Tor mit der Zahl 1768. Die Tür war schneeweiß und mit einem schwarzen Notenschlüssel verziert. Als Leon vorsichtig gegen die Pforte drückte, schwang sie bereitwillig und geräuschlos auf. Die hübsche Melodie wurde lauter.

„Seid ihr bereit?", fragte Leon leise.

Ein stummes Nicken seiner Freunde war die Antwort.

Leon riskierte einen Blick in Kijas unergründliche Augen und es schien ihm, als würde sie ihm zuzwinkern.

Die Freunde nahmen sich an den Händen und konzentrierten sich ganz auf ihr Ziel Wien, denn nur so konnte Tempus sie an den richtigen Ort bringen. Sie machten den einen entscheidenden Schritt über die Schwelle der Tür und fielen in ein schwarzes Nichts.

Ertappt

Die schöne Melodie war verstummt. Stattdessen drang ein kräftiger Glockenklang an Julians Ohren. Er riss die Augen auf. Zusammen mit seinen Freunden stand er vor einer hohen Steinsäule, die sich in den blauen Himmel schraubte. Keine Frage, Tempus hatte sie gerade eben durch diese Säule in die Stadt Wien geschickt.

Julian sah genauer hin. Die weiße Säule war mit einem spiralförmigen Relief verziert und flankierte mit ihrer Zwillingsschwester auf der anderen Seite eine wunderschöne, schneeweiße Kirche. Die Kirche wurde von einer grünen Kuppel gekrönt, die einen Durchmesser von bestimmt 25 Metern hatte. Der Barockkirche vorgelagert war ein mit sechs schlanken Säulen geschmückter Eingang, der Julian an den *Portikus* eines griechischen Tempels erinnerte. Neben den Reliefsäulen stand je ein Glockenturm.

„Die Karlskirche", murmelte Julian, der sich an die Fotos erinnerte, die er im Internet gesehen hatte. Aber jetzt waren sie im Wien des 18. Jahrhunderts!

Julian sah sich nervös um. Nein, offenbar hatte niemand ihre Ankunft bemerkt, obwohl es – dem Stand der Sonne nach zu urteilen – gegen Mittag und der große Platz vor der Kirche dicht bevölkert war.

„Willkommen in Wien", sagte er leise zu Leon und Kim, die Kija auf dem Arm hatte.

Gemeinsam ließen sie die Szenerie auf sich wirken. Über den Platz flanierten Frauen in langen, glockenförmigen Röcken und engen Miedern. Die Ärmel ihrer Blusen waren mit Rüschen verziert. Einige trugen perlweiße Perücken mit hübschen Löckchen, andere Hauben mit bestickten Rändern. Auch viele der Männer, die Julian erblickte, hatten Perücken auf dem Kopf. Darüber trugen sie dunkle Hüte, die wie kleine Schiffe auf ihren Häuptern thronten. Bekleidet waren die Männer mit zumeist weißen Hemden, eleganten Halsbinden, Gehröcken, Westen und Hosen, die ihnen nur bis zu den Knien reichten. Darunter trugen sie lange Strümpfe und Schuhe mit hohen Absätzen.

Julian blickte an sich herab. Seine Kleidung war einfach, aber bequem. Wie Leon trug er ein langärmeliges Hemd, eine kurze Jacke, Kniebundhosen und Strümpfe sowie lederne Halbstiefel. Kim steckte in einem eng anliegenden grünen Kleid aus leichter Wolle. Die Ärmel reichten nur bis zu den Ellbogen und erlaubten ab den Unterarmen einen Blick auf das hübsche Spitzenhemd, das Kim unter dem Kleid trug.

Auf dem Platz standen zwei Schausteller mit ihren Hunden, die allerlei Kunststücke vorführten. Ein kleiner Mischling hopste kläffend auf einem bunten Ball herum, ein anderer machte Männchen. Gleich nebenan versuchte ein Feuerschlucker in einem grellen Kostüm seinerseits die Aufmerksamkeit auf sich zu ziehen. Überall waren Stände aufgebaut, an denen es die verschiedensten Sachen zu kaufen gab: Blumengestecke, luftgetrocknete Würste und Schinken, Kämme, Arzneien, Töpfer- und Korbwaren. Eine Handvoll Hühner, denen offenbar die Flucht aus dem Käfig geglückt war, stob gackernd zwischen den Menschen hindurch. Ein mit Brennholz beladener Karren wurde von zwei Rössern durch die Menge gezogen.

„Hier ist ja mächtig was los!", rief Leon begeistert. „Aber wo wohnen die Mozarts? Sollen wir jemanden fragen?"

„Nein, noch nicht", erwiderte Julian. „Wenn wir Unterricht nehmen wollen, müssen wir den auch bezahlen. Das heißt, wir brauchen erst einmal eine Anstellung ... Und eine Unterkunft wäre auch nicht schlecht." Er schaute sich suchend um. Wo konnten sie sich nützlich machen?

In diesem Moment meldete sich Kija mit einem ihrer energischen Maunzer. Kim ließ die Katze auf den Boden.

Kija maunzte erneut und wuselte zwischen den Passanten hindurch auf eine Gastwirtschaft zu, die an einem kleinen Platz lag, von dem vier Gassen abgingen. Ein Schild verriet den Namen des Gasthauses: „Zum schwarzen Bären".

„Hm", Julian kratzte sich am Kopf, „ob wir dort mal nachfragen sollten?"

Kim zuckte die Achseln. „Jedenfalls scheint Kija dieser Meinung zu sein. Kommt!"

Eine Minute später standen sie in einem großen Raum mit niedriger, rußgeschwärzter Decke. An den etwa zehn hellen Holztischen saßen überwiegend Männer, vor denen deftige Speisen dampften oder gut gefüllte Krüge standen. Es roch verführerisch nach Braten. Der Duft drang aus einem angrenzenden Raum, bei dem es sich offensichtlich um die Küche handelte.

„Wirt, wo bleibt mein *Tafelspitz?*", bellte jetzt einer der Gäste ungeduldig.

„Ja, und wo meine *Powidltascherl?*", rief ein anderer.

Nun flog die Schwingtür zum Nebenraum auf und ein kleiner, dicker Mann stürmte herein, schwer beladen mit einem Tablett. Er trug eine blütenweiße Schürze über seinem blauen Hemd, hatte ein rundes, sorgengefurchtes Gesicht, eine Halbglatze und einen imposanten Schnauzbart. Er wirkte wie jemand, der gerade auf der Flucht war.

„Kommt alles sofort!", rief er und eilte auf den ersten Tisch zu. Dabei verfing sich sein einer Fuß hinter einem Stuhlbein und er geriet ins Stolpern.

Oh nein!, dachte Julian. Das Tablett verließ die Hände des Wirts, schwebte einen Moment lang in der Luft und knallte dann auf den Boden. Bratensoße, Rindfleisch, Kartoffeln, Nachspeise, Wein und Bier spritzten und flogen in alle Richtungen.

„So eine Sauerei!", schimpfte ein Gast, dessen Schuhe etwas abbekommen hatten. Wutentbrannt verließ er die Gaststätte.

Auch andere Gäste beschwerten sich, während der Wirt die Trümmer einsammelte.

Da sah Julian seine Chance. „Braucht Ihr vielleicht Aushilfen?", fragte er den Wirt.

Der Mann sah hoch und musterte Julian und seine Freunde. „Was, drei Kinder und eine Katze?"

„Ja, wir sind sehr fleißig!", pries Julian sich und die anderen an.

Der Wirt stand auf. Er schien scharf nachzudenken. „Meine Frau, die mir sonst hilft, ist krank und meine beiden Kellner haben sich gestern aus dem Staub gemacht, weil ihnen die Arbeit in meiner Gastwirtschaft zu anstrengend ist. Faules Pack! Jetzt habe ich nur noch meine Köchin, die treue Erna …"

„Wir können gerne aushelfen", sagte Julian erneut. „Wir brauchen aber ein Dach über dem Kopf." Nach

Geld, das sie für den Musikunterricht benötigen würden, wagte er noch nicht zu fragen.

Der Mann kniff die Augen zusammen. „Na gut", sagte er schließlich. „Wir wollen es versuchen. Ihr könnt in der Kammer im Stall schlafen. Und zu essen sollt ihr auch bekommen sowie ein paar *Kreuzer*, wenn ihr eure Sache anständig macht."

Ein paar Kreuzer? Sehr gut!, freute sich Julian heimlich und dachte dabei an den Musikunterricht bei Leopold Mozart.

„Ihr werdet das Essen servieren, den Schankraum und die Gastzimmer fegen, abspülen und die Pferde der Gäste versorgen, haben wir uns verstanden?"

„Jawohl!", riefen die Freunde im Chor.

Fehlt nur noch, dass wir die Hacken zusammenschlagen, dachte Julian insgeheim.

„Ich bin übrigens der Franz Huber", sagte der Wirt und verzog den Mund zu einem angedeuteten Lächeln. „Und wie heißt ihr?"

Wie üblich übernahm Julian das Vorstellen und erzählte ihre rührselige Geschichte, wonach sie ihre Eltern bei einem Überfall verloren hätten und nun nach Wien gekommen seien, um sich durchzuschlagen.

„Wirt, was ist denn nun? Mein Tafelspitz!"

„Ja, ja, bin schon unterwegs!", sagte Huber hastig und bedeutete den Freunden, ihm in die Küche zu folgen.

Die nächsten drei Stunden verbrachten sie damit, die Gäste zu bedienen. Es klappte gut, einige Gäste lobten sie sogar, und Huber erwies sich als verträglicher Mensch.

Gegen drei Uhr durften die Freunde eine Pause einlegen. Huber zeigte ihnen ihr neues Zuhause – eine knapp zehn Quadratmeter kleine Kammer direkt neben dem Stall. Mit Stroh gefüllte Säcke würden ihnen als Lager dienen. Dann bekamen sie von Erna jeder eine Portion *Geselchtes*, bevor sie sich auf den Weg zu den Mozarts machten. Die Adresse hatten sie von Huber erfahren. Demnach lebte die Musikerfamilie in der Domgasse neben dem berühmten Stephansdom.

Die Freunde streiften begeistert durch die Stadt, wobei sie sich immer in nördlicher Richtung hielten. Wien war so elegant, so lebendig, so abwechslungsreich. Die Hauptstraßen waren breit und gepflegt und wurden von prächtigen, zumeist vierstöckigen Häusern flankiert, an denen große, verschnörkelte Eisenlaternen angebracht waren. In den *Arkadengängen* in den Erdgeschossen gab es Luxusartikel aller Art: feinste Mieder, noble Parfüms, elegante Hüte, verspielte Perücken und teure Weine aus aller Herren Länder. Aus einem Caféhaus duftete es nach röstfrischem Kaffee und süßen Teigwaren.

Wieder staunte Julian über die aufwendigen Kleider der Wiener Damen und die schicken Gehröcke und

Hüte der Männer. Aber auch *Tagelöhner* in grober, verschlissener Kluft und Bauern, die barfuß liefen, bevölkerten die Straßen.

Nach einigem Herumfragen steuerten sie schließlich auf eine gewaltige Kirche zu.

„Der Stephansdom!", rief Julian, der den Kopf in den Nacken gelegt hatte.

Der Südturm war weit über einhundert Meter hoch – ein gewaltiges, aber zugleich leicht wirkendes Bauwerk, verziert mit feinem *Maßwerk* und aberwitzig vielen Giebeln und *Kreuzblumen*. Unterhalb der Spitze ragten zwölf *Fialen* empor. Ein weiterer Hingucker war das Dach mit seinem auffälligen Zickzackmuster in zehn Farben zwischen Weiß und Braun.

„Komm, Julian, wir wollen doch zu den Mozarts!", sagte Leon ungeduldig.

Julian seufzte, aber dann folgte er ihm. Sicher würden sie zu einem späteren Zeitpunkt noch einmal hierherkommen können.

Eine Frau, die Kräuter verkaufte, wies ihnen den Weg zum Haus der Musiker. Es handelte sich um ein prächtiges, dreistöckiges Bürgerhaus.

Gerade als Julian an die Tür klopfen wollte, wurde diese geöffnet, und ein Mann in einem todschicken weinroten Gehrock und weißem Hemd samt spitzenbesetztem Halstuch wollte hinauseilen. Er stutzte, als er die Gefährten sah.

„Wollt ihr zu mir?", fragte er.

„Äh, ja, sofern Ihr Leopold Mozart seid."

„Der bin ich, natürlich", sagte der knapp 50-Jährige leicht ungehalten. Der Mann mit den etwas hervorquellenden Augen, der hohen Stirn, den leicht herabhängenden Mundwinkeln und den nach hinten frisierten, ergrauten Haaren wirkte auf Julian wie jemand, der Gehorsam gewohnt war. Bestimmt war er ein sehr strenger Lehrer.

„Wir würden gern Unterricht bei Euch nehmen", sagte Julian.

Mozart hob eine Augenbraue. „Unterricht, soso …" Er holte einmal tief Luft. Dann musterte er die Gefährten eingehend. „Bezahlen könnt ihr, ja?"

Julian nickte, auch wenn sie noch keinen einzigen Kreuzer von Huber erhalten hatten.

„Ich habe es eilig, also reden wir nicht lange drum herum. Kommt morgen Nachmittag um drei Uhr wieder. Dann will ich sehen, ob ihr Talent habt", sagte Mozart und eilte davon.

„Klappt doch", freute sich Julian, sobald der Lehrer außer Hörweite war. „Und wenn wir Glück haben, lernen wir morgen das Wunderkind kennen!"

Den weiteren Nachmittag verbrachten die Freunde in Hubers Gasthaus und machten sich nützlich. Zu tun gab es genug, das Lokal genoss offensichtlich einen sehr guten Ruf. Auch die zehn Gästezimmer waren alle belegt. Vom Wirt erfuhren sie, dass sogar zwei Engländer zu Gast waren – die *Linleys*, die beide mit Vornamen Thomas hießen und daher vom Wirt Linley senior und Linley junior genannt wurden.

„Der Sohn muss ein brillanter Musiker sein", flüsterte Huber den Freunden in der Küche zu, wo sie gerade Tabletts mit Essen beluden. „Ein Wunderkind, so hört man, ähnlich wie unser Wolfgang. Er ist im selben Alter."

„Warum ist er nach Wien gekommen?", fragte Julian.

„Oh, die Linleys waren schon oft in Wien. Aber diesmal soll es einen musikalischen Wettstreit zwischen den beiden Kindern geben, habe ich gehört", antwortete der Wirt. „Und zwar am Hof von Kaiser Joseph! Dabei will man wohl herausfinden, wer von den beiden mehr Talent hat!"

Ein musikalisches Kräftemessen unter Kindern? Dieser Gedanke gefiel Julian überhaupt nicht. Warum spielten Wolfgang und Thomas nicht einfach ein hübsches *Duett* zusammen?

Am Abend hatten die Freunde Gelegenheit, die beiden Engländer selbst in Augenschein zu nehmen. Die Linleys nahmen ein üppiges Abendessen zu sich. Der Vater war ein großer, teuer gekleideter Mann mit weichen Gesichtszügen und dunklen, dicht zusammenliegenden Augen. Er gönnte sich zum *Heurigen* eine Portion *Stelzen*, Linley junior verputzte *Schinkenfleckerl*. Zum Nachtisch gab es *Buchteln*.

Wieder und wieder bestellte Linley senior, der wie sein Sohn sehr gut Deutsch sprach, Wein nach. Zu den Linleys gesellten sich immer mehr Gäste, was zum einen daran lag, dass der Senior sie zum Wein einlud. Zum anderen beäugten die anderen Gäste den Junior, einen blassen, hochgewachsenen Jüngling, der stets eine gelangweilte Miene zur Schau trug, mit unverhohlener Neugier.

Derweil führte sein Vater das Wort und wurde immer redseliger. Ganz offensichtlich hatte er zu viel getrunken.

„Dieser kleine Mozart ist doch nur ein Blender", hörte Julian den Senior sagen, als er mal wieder mit einem Weinkrug auf den Linley-Tisch zusteuerte. „Sein Vater hat ihn dressiert wie einen Affen und lässt ihn überall auftreten."

„Wie einen Affen?" Eine der Damen begann zu kichern.

Julian verlangsamte seine Schritte, um möglichst viel aufzuschnappen. Was erlaubte sich dieser Linley?

„Ja, wie einen Affen!", bestätigte der Senior unnötig

laut. „Bei meinem Sohn kommt die Musik hingegen von Herzen, aus seinem Gefühl – er hat die Musik sozusagen im Blut."

„Nun ja, bei dem Vater", schmeichelte ein Mann mit rotem Gesicht. „Ihr seid doch auch ein bekannter Musiker, hört man."

Der Senior lächelte überheblich. „Nun ja, am englischen Hofe bin ich ein gern gesehener Gast. Aber mein Sohn ebenso. Und wie gesagt: Meinen Thomas braucht man nicht abzurichten!"

Das Lächeln gefror, Linleys Gesicht bekam einen harten, angriffslustigen Zug. „Mein Junge wird diesen kleinen Mozart beim Kaiser vernichten. Nach diesem Tag wird niemand mehr über Wolfgang Mozart reden."

Nun hatte Julian den Tisch erreicht und stellte dem Senior den Krug vor die Nase. „Wolfgang ist kein Affe", sagte er und wunderte sich im selben Moment über seinen Mut, für den ihm bisher noch unbekannten Jungen Partei zu ergreifen.

„Wer bist denn du, dass du es wagst, dich hier einzumischen?", schrie der Senior. „Du bist doch vermutlich zu dumm, auch nur eine einzige Note zu lesen!"

Julian wich zurück. Er presste die Kiefer fest aufeinander. Er und dumm? Julian hatte große Lust, dem aufgeblasenen Heini den Wein ins Gesicht zu schütten.

Da spürte er Kim und Leon hinter sich. Offensicht-

lich war Linleys Wutausbruch bis in die Küche zu vernehmen.

„Julian ist nicht dumm", stellte Kim klar. „Dumm ist, wer solche Sachen sagt!"

Der Senior fuhr hoch und deutete mit dem Zeigefinger auf die Freunde. „Schert euch weg!", blaffte er, dass die Speichelfetzen nur so flogen. „Geht in die Küche oder wo immer ihr hingehört!"

Doch die Gefährten wichen keinen Zentimeter – bis der Wirt hinzueilte und sie beiseiteschob.

„Ist alles recht?", fragte Huber mit einer leichten Verbeugung.

„Das Essen war gut, der Wein schmeckt, aber Euer Personal lässt zu wünschen übrig!", blaffte Linley. „Unverschämtes Pack!"

„Pack?", brauste Kim auf.

Julian gelang es gerade noch, Kim weiter vom Tisch wegzuschieben, bevor sie dem großen Musiker aus England die Meinung geigte.

Eine Minute später standen sie in der Küche, in der Erna mit Töpfen und Pfannen hantierte. Kija strich um Julians Beine.

„Was für ein doofer Kerl!", maulte Kim.

„Allerdings", stimmte Julian ihr zu und nahm die Katze auf den Arm. Dann berichtete er, was Linley senior noch so alles von sich gegeben hatte.

„Sein Sohn soll Wolfgang *vernichten*?", sagte Leon

ungläubig, als Julian fertig war. „Was ist denn das für ein Ausdruck? Wir sind hier doch nicht im Krieg!"

„Ja, der Senior ist ganz schön aggressiv. Er scheint regelrecht darauf zu brennen, die Mozarts zu übertrumpfen. Hoffentlich geht bei diesem musikalischen Wettkampf alles mit rechten Dingen zu", sagte Julian.

„Denkst du, dass Wolfgang in Gefahr schwebt?", flüsterte Kim.

„Ich weiß es nicht", erwiderte der Junge. „Aber Linleys Äußerungen fand ich schon ziemlich merkwürdig, wenn nicht sogar beängstigend."

Die Freunde schwiegen nachdenklich.

„Sagt mal, seht ihr nicht, dass es hier jede Menge zu tun gibt?", keifte Erna unvermittelt.

„Oh ja, Entschuldigung", sagte Julian schnell.

Die Gefährten begannen sofort, der Köchin zu helfen.

Es war bereits später Abend, als Julian wieder einmal in den Schankraum hinaustrat, um den Gästen etwas zu trinken zu bringen. Linley senior saß inzwischen mit gerötetem Gesicht und einem weinseligen Lächeln allein am Tisch. Der Junior hatte sich wohl ins Zimmer zurückgezogen.

Der Junge wollte in gebührendem Abstand an dem Musiker vorbei, als er die Glocken der Karlskirche schlagen hörte. Es war elf Uhr.

Noch während die Glocken dröhnten, ging ein Ruck

durch Linleys Körper. Er stand hastig auf und lief zur Tür.

Wo wollte Linley jetzt noch hin?, fragte sich Julian. Rasch stellte er die Krüge bei den Gästen ab und folgte dem Musiker nach draußen.

Die Nacht war mild. Aus Laternen rieselte gelbliches Licht. Ein großer Mann steuerte auf eine finstere Straßenecke zu. Der Senior! Da war sich Julian ganz sicher.

Nun löste sich eine Gestalt aus der Ecke. Sie war dunkel gekleidet und schien förmlich mit der Nacht zu verschmelzen.

Julian glitt hinter ein großes Fuhrwerk. Er duckte sich und spähte darunter hervor.

Nun sah er, dass sich die Männer dicht gegenüberstanden. Linley sprach auf den anderen ein und mehrfach fiel der Name Mozart. Die Gestalt, deren Gesicht nicht zu erkennen war, nickte. Dann zog Linley einen Beutel hervor und drückte ihn der Gestalt in die Hand.

Wieder ein Nicken, dann war der Beutel auch schon im Gewand des Unbekannten verschwunden. Rasch drehte er sich um und rannte davon.

Was hatte Linley dem anderen gegeben?, überlegte Julian. Geld? Aber wofür? Und was hatte das Ganze mit Mozart zu tun?

In dieser Sekunde bekam er einen Schlag gegen die Schulter und fiel zu Boden. Über ihm stand Linley junior, ein gemeines Lächeln im blassen Gesicht.

Böse Gerüchte

„Wo steckt eigentlich Julian?", fragte Kim Leon in der Küche.

„Weiß nicht", erwiderte dieser. „Ich glaube, er wollte ein paar Krüge zu den Gästen bringen."

Kim verließ die Küche und sah im Schankraum nach. Es waren nur noch vier Gäste zugegen, mit denen sich der Wirt unterhielt. Linley senior war verschwunden. Und Julian? Keine Spur von ihm. Die Tür stand einen Spalt offen. War Julian etwa rausgegangen? Aber warum?

Kurz entschlossen schlüpfte das Mädchen aus dem Gasthaus. Ihm stockte der Atem. Da war Julian ja! Aber er war nicht allein – die Linleys hatten ihn in der Mangel! Der Junior hielt ihn fest, der Senior schimpfte auf ihn ein.

„Was fällt dir ein, uns hinterherzuspionieren?", rief der Senior gerade. Sein Zeigefinger bohrte sich in Julians Brust. „Ich warne dich, Kleiner. Wenn du das noch …"

„Lasst ihn in Ruhe!", schrie Kim wutentbrannt.

Linley senior fuhr herum. „Was willst du denn, du ..."
Er schien nach Worten zu suchen.

Unerschrocken kam Kim auf ihn zu. „Du ... was?"

Licht floss auf den Boden, Stimmen wurden laut. Die letzten vier Gäste verließen das Wirtshaus.

Da straffte Linley senior die Schultern, grüßte die Männer freundlich – und ließ von Julian ab.

„Komm, Thomas", sagte er leise zu seinem Sohn. „Wir wollen uns mit diesem Pack nicht länger als nötig aufhalten."

Die beiden stolzierten an Kim vorbei, ohne sie noch eines Blickes zu würdigen.

„Was ist passiert?", fragte Kim ihren Freund, als die Engländer endlich im „Schwarzen Bären" verschwunden waren.

„Warte, bis wir bei Leon sind", erwiderte Julian und ging voran.

Die Nacht und der nächste Vormittag verliefen ohne Zwischenfälle. Die Freunde hatten im Gasthaus alle Hände voll zu tun. Wenn sie nicht gerade in der Küche oder im Schankraum gebraucht wurden, kümmerten sie sich im Stall um die Pferde oder fegten die Zimmer aus.

Während Kim schuftete, dachte sie immer wieder an Julians Bericht. Der unbekannte Mann und der Beutel, in dem vermutlich Geld gewesen war – irgendetwas war da im Gange und Kim war fest davon überzeugt, dass es etwas mit den Mozarts und dem gemeinsamen Auftritt der Wunderkinder beim Kaiser zu tun hatte. Diese Linleys schienen mit gezinkten Karten zu spielen. Aber was hatten die beiden vor? Und wenn Kim und ihre Freunde noch nicht einmal das wussten, wie sollten sie den Linleys dann irgendetwas nachweisen?

Kim seufzte. Aber immerhin hatten sie mit Franz Huber wirklich Glück. Der Wirt hatte ihnen ein anständiges Frühstück gegeben und sogar ihren Fleiß gelobt.

Doch es kam noch besser. Am frühen Nachmittag, als gerade nichts zu tun war, drückte Huber den Freunden sechs Kreuzer in die Hände. Außerdem gab er ihnen zwei Stunden frei.

„Klasse!", freute sich Kim und ließ die Kreuzer klimpern. „Damit können wir hoffentlich unsere erste Musikstunde bezahlen."

So schnell sie konnten, flitzten sie zur Domgasse. Kija blieb in der Kammer der Freunde zurück und rollte sich zu einem Nickerchen zusammen.

Als Kim, Leon und Julian vor der Tür der Mozarts standen, schlugen die Glocken des Stephansdoms dreimal.

„Pünktlich auf die Sekunde", kommentierte Kim und klopfte an.

Eine Minute verstrich, dann öffnete ein Mädchen, das kaum älter sein mochte als die Freunde. Es hatte eine Schürze um und ein Putztuch in der Hand. Offenbar handelte es sich um ein Dienstmädchen. „Grüß Gott, ihr seid die neuen Schüler, nicht wahr?", fragte es schüchtern.

Kim lächelte. „Nun ja, wir hoffen, dass uns der Herr Mozart als Schüler annimmt …"

Das Dienstmädchen nickte und führte sie ins Haus. Sie betraten einen Flur mit Parkettboden, gingen an einer geräumigen Küche und zwei verschlossenen Räumen vorbei und gelangten schließlich zu einer breiten, weißen Holztreppe, die hinauf in den ersten Stock führte. Auch hier war der Boden mit Parkett ausgelegt. Hübsche gewebte Läufer sorgten für Behaglichkeit. An den Wänden hingen verschnörkelte Kerzenhalter aus Metall.

Eine schöne Melodie wehte an Kims Ohren – der helle Klang eines Cembalos. Das Dienstmädchen steuerte auf eine weiße Doppeltür zu und klopfte an. Die Melodie erstarb.

„Herein!"

Das Dienstmädchen öffnete die Tür, kündigte den Besuch der neuen Schüler an und zog sich zurück, nachdem sie den Gefährten bedeutet hatte, den Raum zu betreten.

Kim ging voran. Das Zimmer war sehr groß, lichtdurchflutet und wunderschön eingerichtet. Die Wände waren cremefarben gestrichen und hatten weiß abgesetzte, rechteckige Felder, die innen mit einem hellbraunen und weißen Blumenmuster tapeziert waren. Goldfarben gerahmte Bilder zeigten idyllische Landschaften und Jagdszenen. Auf dem Boden lagen dicke Teppiche mit verspielten Mustern. Unter der etwa drei Meter hohen Decke aus dunklem Holz schwebten zwei riesige messingfarbene Kerzenhalter über elegant gedrechselten Möbeln: ein ovaler Tisch mit hübschen Einlegearbeiten, mit rotem *Damast* bezogene Stühle, ein *Paravent* und ein hochbeiniger *Sekretär*, auf dem Notenblätter lagen.

Doch wo waren die Mozarts?

Genau in diesem Moment lugte hinter dem Paravent ein Junge in ihrem Alter hervor. Kims Herz schlug schneller – das musste Wolfgang Mozart sein!

„Wolferl!", erklang Leopolds strenge Stimme.

„Gleich, Vater!", rief sein Sohn und sprang hinter dem Wandschirm hervor. Er trug eine hellblaue Jacke mit goldfarbenem Spitzenbesatz an Kragen und Ärmeln, ein blütenweißes Hemd, eine ebenfalls hellblaue Hose und schwarze Lackschuhe. Seine blonden, gewellten Haare umrahmten ein kräftiges Gesicht mit roten Wangen und braunen Augen, mit denen er die Gefährten neugierig musterte.

Nun begann er zu strahlen. „Kommt nur näher, hier

spielt die Musik!", rief er fröhlich und lockte die Freunde hinter den Paravent.

Dort stand Leopold Mozart neben dem Cembalo. „Ah, die Neuen", sagte er und rang sich ein dünnes Lächeln ab. „Verratet uns eure Namen."

Kim machte einen Knicks und stellte sich und ihre Freunde vor.

„Und ich bin der Wolfgang!", sprudelte es aus dem jungen Mozart heraus. Er zog Julian am Ärmel und deutete auf die Bank vor dem Instrument. „Du musst anfangen!"

„Halt, wer hier was macht, bestimme immer noch ich", stellte der Vater klar. Er zeigte auf Kim. „Du da, Mädchen, du wirst die Erste sein. Kannst du überhaupt Noten lesen?"

Kims Kehlkopf begann zu hüpfen. Zum Glück hatte sie schon seit der Grundschule Flötenunterricht. Zwar konnte sie die Blockflöte überhaupt nicht leiden, aber immerhin hatte sie wegen des Dings Noten gelernt. Und das konnte jetzt Gold wert sein.

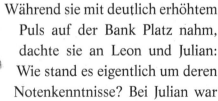

Während sie mit deutlich erhöhtem Puls auf der Bank Platz nahm, dachte sie an Leon und Julian: Wie stand es eigentlich um deren Notenkenntnisse? Bei Julian war sie sich ziemlich sicher, dass er Noten konnte, aber Leon …?

Leopold lehnte ein Notenblatt gegen den Ständer. „Lies vor!"

Kim konzentrierte sich. Dann sagte sie die richtigen Noten.

„Sehr gut!", rief Wolfgang und klatschte begeistert in die Hände. Der junge Mozart schien über ein überschäumendes Temperament zu verfügen.

Nun waren Leon und Julian an der Reihe, die sich einigermaßen achtbar aus der Affäre zogen. Nur hin und wieder griff der Lehrer ein und korrigierte sie.

Dann übten sie abwechselnd Tonleitern, wobei Wolfgang sie anfeuerte. Er tigerte ständig durch den Raum und wirkte unglaublich aufgedreht. Dabei zeigte das Wunderkind überhaupt keine Staralllüren. Wolfgang schien ein ganz normaler Junge zu sein, sah man einmal von seiner enormen Hibbeligkeit ab.

„Jetzt ich, jetzt ich!", bettelte er nach etwa einer halben Stunde.

„Na gut", sagte sein Vater und schritt zum Sekretär. Er kam mit einem großen Blatt Papier zurück. Kim schielte darauf. Das Blatt war über und über mit Noten beschrieben – für Kim sah es wahnsinnig kompliziert aus.

Wolfgang warf einen kurzen Blick auf die Noten und nickte seinem Vater zu. Und dann geschah das Unglaubliche: Der Lehrer rollte das Blatt zusammen, und der Schüler begann zu musizieren – Wolfgang

spielte das extrem komplizierte Stück aus dem Kopf! Seine Finger huschten in einem aberwitzigen Tempo und mit einer umwerfenden Sicherheit über die Tasten.

Kims Mund klappte auf – das konnte doch nicht wahr sein!

Der junge Mozart wirkte vollkommen entspannt. Er lächelte selig, während sein Oberkörper sanft hin- und herschwang. Dann klimperte er den Schlussakkord und sprang auf, um sich mit einer großen Geste vor den Freunden zu verneigen.

„Das war einfach nur … fantastisch!", stammelte Kim fassungslos.

„Wirklich? Vielen Dank!", rief Wolfgang und wollte sich wieder auf die Bank setzen.

„Wolferl, das reicht jetzt!", bremste sein Vater ihn und beschäftigte seine neuen Schüler noch eine weitere halbe Stunde mit einfachsten Fingerübungen. Dann beendete er die erste Unterrichtseinheit mit der Bemerkung: „Das habt ihr ganz gut gemacht. Ihr dürft wiederkommen. Was die Bezahlung angeht – für euch zusammen … fünf Kreuzer, würde ich sagen."

Kim atmete erleichtert auf. Das konnten sie gerade so zahlen.

„Ihr müsst mir aber noch ein wenig Gesellschaft leisten!", rief Wolfgang. „Es gibt bestimmt ein Stück Kuchen."

„Von mir aus, frag deine Mutter. Aber hier könnt ihr

nicht bleiben, ich muss noch unterrichten", sagte sein Vater.

„Wir gehen in die Küche!", schlug Wolfgang vor und flitzte auch schon los.

Kim gab dem Lehrer die fünf Kreuzer. Dann folgten sie dem jungen Mozart in die Küche. Dort stellte Wolfgang sie seiner Schwester Nannerl, einer hübschen 16-Jährigen mit großen dunklen Augen, und seiner Mutter vor. Diese hatten gerade eine Tasse Kaffee getrunken und wollten nun auf den Markt gehen.

Als die beiden weg waren, servierte das Dienstmädchen Wolfgang und seinen neuen Freunden je ein kleines Stück Rührkuchen.

„Wollt Ihr den Kuchen nicht im Speisezimmer zu euch nehmen?", fragte es unterwürfig.

„Ach was", winkte Wolfgang ab, „in der Küche ist es doch immer am gemütlichsten!"

Sobald das Dienstmädchen wieder verschwunden war, seufzte er und sagte: „Ich mag dieses ganze Getue nicht, ich hab es am liebsten einfach und nett – wie in einer Küche eben. Ich bin so oft in vornehmen Häusern, bei Fürsten und Königen. Da muss man sich immer benehmen und auf die Etikette achten. Ich hasse das!"

„Bei Fürsten und Königen? Du kommst wirklich viel rum!", sagte Kim etwas neidisch. Dann probierte sie den Kuchen – köstlich!

„Oh ja!", antwortete Wolfgang mit vollem Mund. „Das ist natürlich schon aufregend. Auch die Auftritte in den vollen Konzertsälen. Aber es gibt auch eine Kehrseite."

Kim sah ihn neugierig an. „Was stört dich denn außer dem vornehmen Getue?"

„Zum einen ist das Reisen sehr anstrengend, wir sind oft tagelang in Kutschen unterwegs. Da wird man ganz schön durchgerüttelt. Zum anderen war ich in letzter Zeit öfter krank. Außerdem habe ich kaum Freunde in Wien. Ich bin ja ständig unterwegs. Und dann ist da noch etwas – der Neid …"

„Der Neid?", wiederholte Kim interessiert. Also war das Leben eines Wunderkinds doch nicht so erstrebenswert … genau, wie sie es vermutet hatten.

„Nun, ich habe viele Neider. Leute, die mir den Erfolg nicht gönnen. Menschen, die böse Gerüchte in die Welt setzen. Sie behaupten, dass ich ein ganz guter Musiker sei. Aber komponieren könne ich nicht. Dafür sei ich doch viel zu jung", erklärte Wolfgang, während sein Gesicht einen harten Zug bekam. Er schien wütend und verletzt zu sein. „Sie sagen, dass mein Vater die Stücke komponiert habe und einfach behaupte, dass sie aus meiner Feder stammen. So wolle er aus mir Kapital schlagen. Aber das ist natürlich nicht wahr!"

Was für eine Gemeinheit!, dachte Kim. Auch in der Musikbranche des 18. Jahrhunderts wurde offenbar mit harten Bandagen gekämpft. Prompt fiel ihr Alexander, ihr Mitschüler aus Siebenthann, ein. Auch über ihn wurde ziemlich viel Unsinn verbreitet. Und dann kam ihr noch jemand in den Sinn: Linley junior, das andere Wunderkind …

„Wir haben gehört, dass du bald beim Kaiser vorspielen darfst", sagte Kim und drückte ihre Gabel erneut in den Kuchen.

Wolfgangs Gesicht hellte sich auf. „Oh ja, das stimmt. Übermorgen! Außerdem wird es ein Kostümfest am Hof geben. Aber nicht nur ich werde dort aufspielen, sondern auch ein anderer junger Musiker."

„Thomas Linley", sagte Kim.

„Oh, ihr kennt ihn?"

„Er wohnt in dem Gasthaus, in dem wir arbeiten", erklärte Leon.

„Und er kann ziemlich bösartig sein", ergänzte Julian.

Wolfgang schaute ihn überrascht an. „Bösartig? Das kann ich nicht glauben. Ich habe ihn vor einem halben Jahr kennengelernt. Er war sehr nett."

Kim lachte auf. „Nett? Glaube mir, Thomas ist dein Feind."

Wolfgang wurde blass. „Mein Feind? Und ich dachte, er wäre so etwas wie … wie ein Freund."

Kim sah ihn nachdenklich an. „Tut mir leid. Er scheint dich eher zu hassen. Thomas will dich vernichten."

Der Überfall

Im „Bären" war auch an diesem Abend wieder viel los. Die Freunde hetzten durch die Gaststube, servierten Brathendl, *Blunzn*, *Presskopf* oder eine Portion *Liptauer* und natürlich Krüge voller Bier oder Wein.

Die Stimmung in dem Wirtshaus, in dem es trotz der weit geöffneten Fenster ziemlich stickig war, war ausgelassen. Das Essen wurde gelobt und die Freunde erhielten auch das eine oder andere Trinkgeld.

Sehr gut, dachte Leon, so haben wir keine Probleme, unseren Musikunterricht bei Leopold Mozart zu finanzieren.

Bei der Arbeit behielt Leon die Gäste im Auge. Die Linleys tauchten den ganzen Abend nicht auf. Seltsam, dachte der Junge, als er in der heißen Küche einen Becher Wasser trank. Aber vielleicht waren die beiden heute einfach in ein anderes Lokal gegangen.

Sein Blick fiel auf Kija, die sich auf einem Stuhl zusammengerollt hatte. Neben ihr klapperte Erna mit den Töpfen. Das brachte die schöne Katze jedoch keineswegs aus der Ruhe. Du hast es gut, dachte Leon lächelnd, um sich dann wieder mit einem vollen Tablett zu bewaffnen.

Es wurde ein langer, arbeitsreicher Abend. Erst gegen Mitternacht ging der letzte Gast, und Huber sperrte ab. Er wischte sich den Schweiß von der Stirn.

„So, das war es dann wohl für heute", sagte Leon.

Doch der Wirt schüttelte den Kopf. „Jetzt müssen wir noch die Küche aufräumen."

Als er Leons entsetztes Gesicht sah, gab er den drei Freunden je einen Kreuzer. „Aber dann habt ihr es geschafft. Und: Ich muss euch wirklich loben – ihr habt euch heute wieder sehr geschickt angestellt!"

Mit dem Kreuzer in der Hand und dem Lob im Ohr hätten die letzten Arbeiten Leon fast schon wieder Spaß gemacht – wenn da nicht die enorme Hitze gewesen wäre, die in der Küche herrschte.

Eine halbe Stunde später durften sie sich endlich zurückziehen. Der Wirt und die Köchin setzten sich noch an einen Tisch und genehmigten sich einen Becher Wein.

„Mann, bin ich erledigt", sagte Kim, sobald sie ihre kleine Kammer erreicht hatten.

„Ich auch", stimmte Julian ihr zu. „Ich hau mich sofort aufs Ohr."

Doch Leon zögerte. „Ich noch nicht, hier drin ist es so stickig", sagte er. „Ich glaube, ich mache noch einen kleinen Spaziergang. Kommt ihr mit?"

Kim und Julian verneinten, aber Kija schmiegte sich an Leons Beine.

„Na gut, dann gehen eben wir zwei. Bis später!"

In der Gasse war es im Vergleich zum Gasthaus angenehm kühl. Eine einsame Straßenlaterne verbreitete schummriges Licht.

Leon sog die klare Nachtluft ein und schaute sich um. Hinter der Laterne verlor sich die Gasse in der Dunkelheit.

Leon lief einfach drauflos, begleitet von der wunderschönen Katze mit dem bernsteinfarbenen Fell, die begeistert um seine Füße heruumsprang.

Das Sträßchen verlief ein Stück geradeaus und führte zu einem Platz mit einem kleinen öffentlichen Brunnen. Dahinter erhoben sich im Mondlicht wuchtige zwei- bis viergeschossige Steinhäuser, deren Fenster dunkel waren. Drei weitere Gassen führten von dem Platz weg. Leon trat in die Mitte des Platzes, blieb stehen und genoss die Stille. Für einen Moment hatte er das Gefühl, ganz allein im großen, schönen Wien zu sein.

Ein Miauen, kurz und warnend, holte ihn unsanft in die Realität zurück. Leon riss die Augen auf. War er etwa doch nicht allein?

Ruhig und dunkel lagen die Häuser vor ihm. Doch da, ein Rascheln!

Leon fuhr herum und sah gerade noch, wie jemand hinter einem Hausvorsprung verschwand.

Der Herzschlag des Jungen beschleunigte sich. Wer war das? Und warum versteckte er sich?

Abflug!, sagte Leon sich. Mach dich lieber aus dem Staub. Vielleicht ist das ja ein Räuber!

Dummerweise hatte sich der unheimliche Unbekannte ausgerechnet in dem Sträßchen versteckt, das zu Hubers Gasthaus führte.

Wohin? Leon hatte drei Möglichkeiten ...

Kija nahm ihm die Entscheidung ab. Sie huschte mit weiten Sätzen in die mittlere Gasse. Leon stolperte ihr hinterher.

Im Laufen warf er einen Blick über die Schulter. Vor Entsetzen wurde ihm eiskalt. Die Gestalt verfolgte ihn! Sie war nicht mehr als ein schwarzer Schatten in einem weiten, wehenden Mantel.

Leon beschleunigte und bog aufs Geratewohl in eine andere Gasse ab. Laut, furchtbar laut, knallten seine Absätze aufs Pflaster. Voller Neid schaute er zu Kija, die sich vollkommen geräuschlos bewegte.

Wieder ein Blick zurück.

Natürlich hatte der Verfolger Leons Richtungswechsel mitbekommen. Wie ein schwarzer Vogel, der seine Schwingen ausgebreitet hatte, kam er näher, immer näher.

Auf Leons Stirn stand kalter Schweiß. Warum hatte

er nur den Spaziergang gewagt? Er hätte sich doch denken können, dass in einer so großen Stadt nachts auch Verbrecher unterwegs waren! Aber was wollte der Kerl ausgerechnet von ihm?

Ein leiser Maunzer ertönte – Kija hatte einen Haken geschlagen und war in eine Gasse geschlüpft, die kaum breiter als ein Handtuch war. Leon quetschte sich hinein und riss sich die Schuhe von den Füßen. Auf Socken schlich er weiter. In dem Gässchen war es furchtbar finster. Der Junge schaute hoch. Die Giebel der Häuser berührten sich fast und schluckten einen Großteil des fahlen Mondlichts.

Etwas Feuchtes drang durch seine rechte Socke. Ein widerlicher Geruch stieg in seine Nase. Etwas quiekte. Ratten?

Wo war er hier nur hingeraten?

Egal, dachte Leon, mochte es sich auch um eine Müllhalde handeln, auf der es vor Ratten nur so wimmelte – Hauptsache, er war sicher! Mit klopfendem Herzen wagte der Junge einen Blick zurück. Am liebsten hätte er laut aufgeschrien. Im Eingang der Gasse stand der Unbekannte und starrte ihn mit glühenden Augen an.

Leon duckte sich und machte sich ganz klein. Der eklige Geruch verstärkte sich. Etwas Pelziges mit einem langen Schwanz tippelte auf kurzen Beinen an ihm vorbei.

Der Junge ignorierte das kleine Biest und starrte voller Angst nach vorn.

Jetzt lief die Gestalt los, kam mit ruhigen, fließenden Bewegungen auf Leon zu.

Er hat mich entdeckt, jetzt kriegt er mich!, durchfuhr es den Jungen. Leon sprang auf und floh die Gasse hinunter.

Aber er kam nicht weit. Eine Mauer, gut drei Meter hoch, versperrte ihm den Weg. Er war in eine Sackgasse geraten.

Leon wirbelte herum.

Der Verfolger war nur noch wenige Meter entfernt. Jetzt zog er etwas aus seinem Mantel hervor. Die lange Klinge eines Messers blitzte auf …

Nein!, dachte der Junge verzweifelt.

Dann schrie er gellend um Hilfe.

Die Gestalt sprang auf ihn zu und packte ihn.

„Psst!", machte der Mann, dessen Gesicht unter einem Tuch verborgen war. „Du gehörst mir!" Er hob das Messer.

In dieser Sekunde griff Kija ein. Sie sprang den Mann an und grub ihre spitzen Zähne in seinen linken Arm.

Der Mann brüllte und versuchte, die Katze abzuschütteln.

Diesen Moment nutzte Leon, um dem Unbekannten einen festen Tritt zu verpassen. Prompt geriet der Mann ins Taumeln. Er fluchte laut, während Leon versuchte, sich an ihm vorbeizudrängen. Da erhielt er einen heftigen Schlag gegen die Schulter und krachte gegen die Mauer. Ein jäher Schmerz durchfuhr ihn. Aber bestimmt ging es dem Mistkerl nicht besser – Kija hatte sich regelrecht in ihn verbissen und machte keine Anstalten lockerzulassen.

Wieder schrie Leon um Hilfe. Und endlich wurde irgendwo über ihm ein Fenster geöffnet.

„Was ist denn da los?", erklang eine ärgerliche Stimme. „Elende Säufer!"

„Hilfe!", brüllte Leon.

„Hilfe? Euch werde ich gleich helfen!", kam es zurück. Dann flog ein voller Nachttopf in die Gasse und traf den Rücken des Unbekannten.

Erneut ertönte ein böser Fluch, dann suchte der Angreifer das Weite.

„Danke!", rief Leon nach oben.

Als Antwort wurde das Fenster zugeknallt.

Kija glitt zu Leon und drängte sich an ihn. Der Junge nahm die Katze auf den Arm. „Auch dir tausend Dank", flüsterte er in ihr Ohr. „Dem hast du es aber gezeigt, was?" Kija gab Köpfchen und miaute leise.

Leon sammelte seine Schuhe ein und lief zu dem Platz mit dem Brunnen. Von der unheimlichen Gestalt war weit und breit nichts mehr zu sehen. Erleichtert rannte der Junge mit Kija zurück zum Gasthaus, um Julian und Kim zu alarmieren.

„Wir müssen etwas unternehmen", sagte Kim bestimmt.

„Nur was?", fragte Julian.

„Vielleicht kann uns der Wirt weiterhelfen", schlug Leon vor.

Huber und die Köchin saßen noch in der Küche.

„Was wollt ihr? Solltet ihr um diese Zeit nicht …", hob der Wirt an. Dann zog er die Augenbrauen hoch. „Oder ist etwas passiert?"

„Ja", erwiderte Leon und berichtete, was er gerade erlebt hatte.

Als Leon fertig war, sah ihn der Wirt entsetzt an. „Eine schwarze Gestalt in einem weiten, wehenden Mantel, sagst du?"

Leon nickte.

Huber schaute besorgt zu Erna und murmelte: „Der Herr der Schatten …"

„Wer?"

„Der Herr der Schatten", wiederholte Huber. „Ein gefürchteter Verbrecher, ein Mörder und Räuber, der unser schönes Wien schon seit Längerem unsicher macht. Aber bisher ist es niemandem gelungen, diesen Mann zu fassen."

Leon schluckte. Was hatte der Herr der Schatten

ausgerechnet von ihm gewollt? War er nur ein Zufallsopfer gewesen oder hatte ihn der Verbrecher gezielt ausgesucht? Und falls ja, würde der Herr der Schatten einen weiteren Versuch unternehmen, um ihn zu schnappen?

Streng geheim

Am Nachmittag des nächsten Tages waren die Freunde wieder bei den Mozarts – die zweite Unterrichtsstunde stand an. Zum Auftakt durfte Wolfgang erneut sein unglaubliches Können unter Beweis stellen.

Wie beim ersten Mal kam Julian aus dem Staunen nicht mehr heraus. Es wollte ihm nicht in den Kopf, dass ein so junger Mensch zu solchen Leistungen fähig war. Wolfgang schien regelrecht Musik zu atmen!

Als Julian dann selbst vor dem Cembalo Platz nahm, kam er sich furchtbar ungeschickt vor. Wie gern hätte er auch nur fünf Prozent von Wolfgangs Talent besessen. Das hätte vermutlich schon gereicht, um einen guten Pianisten aus ihm zu machen.

„Nein, nein, nein", korrigierte Leopold seinen neuen Schüler. „Du musst mehr Gefühl in deine Hände legen. Du musst diese Musik lieben, sie muss aus deinem Herzen kommen. Außerdem solltest du dieses Instrument streicheln und nicht auf es einschlagen."

„Ich versuche es ja", sagte Julian verzweifelt und begann von Neuem.

Eine Stunde später saßen sie wieder mit Wolfgang in der Küche.

„Ihr macht euch schon recht gut", lobte er die Freunde. „Wenn ihr genug übt, könnt ihr vielleicht irgendwann auch einmal mit eurer Musik auftreten."

„Oh, ich fürchte, bis dahin ist es noch ein sehr weiter Weg", sagte Julian. „Wie oft übst du eigentlich?"

„Täglich mehrere Stunden!"

„Und – macht es dir Spaß?"

„Spaß? Na klar, ich liebe es!", erwiderte Wolfgang. Er setzte eine Verschwörermiene auf. „Und wisst ihr was? Ich schreibe gerade an meiner ersten Buffa!"

„Wirklich?", täuschte Julian Unwissenheit vor.

„Ja! Aber das ist eigentlich streng geheim", flüsterte Wolfgang. „Unser Kaiser höchstpersönlich gab mir den Auftrag, für sein Hoftheater eine Oper zu komponieren! Sie heißt ‚La finta semplice'. Und jetzt kommt's: Ich werde diese Oper auch selbst dirigieren!"

„Das ist ja fantastisch!", entgegnete Julian. „Aber warum ist das so geheim?"

„Ich habe euch doch gesagt, dass ich viele Neider habe", sagte Wolfgang bedrückt. „Und mein Vater meint, dass es besser sei, wenn möglichst lange niemand außer einigen wenigen Eingeweihten davon wisse."

„Also haben auch die Linleys noch nichts davon gehört?, fragte Julian.

„Du sagst es. Gerade die dürfen es nicht wissen! Denn wir wollen die beiden bei dem Wettstreit am Hof des Kaisers damit überraschen!"

„Ist die Buffa denn schon fertig?"

„Nein, ich habe erst 500 Seiten geschafft. Aber allein die Ankündigung, dass sie bald fertig sein wird, wird die Linleys verunsichern. Dann ist der Wettstreit bestimmt entschieden – und zwar zu meinen Gunsten." Wolfgang rieb sich die Hände. „Linley junior mag ein guter Musiker sein, aber eine Buffa, die bekommt er bestimmt nicht hin! Niemals!"

„Und wer weiß sonst noch von deinem Plan?", forschte Julian weiter nach.

Wolfgang überlegte einen Moment. „Nicht viele ... Na ja, dem einen oder anderen habe ich etwas gesagt. Aber es sind wirklich alles Leute, denen ich vertrauen kann! Sie haben mir versprochen, nichts rumzutratschen."

Na hoffentlich, dachte Julian. Wenn nur eine der angeblich so vertrauenswürdigen Personen etwas ausplauderte, würde die Sache bestimmt schnell in Wien die Runde machen.

„Ich denke, dass die Partitur sogar 550 Seiten haben wird", sagte Wolfgang, als sei es das Selbstverständlichste der Welt.

Obwohl Julian die genaue Zahl dank ihrer Recherchen in der Bibliothek kannte, konnte er es nicht fassen. Der Junge, der ihm da gegenüberstand, war doch gerade einmal zwölf Jahre alt!

„Du bist wirklich einzigartig", sagte Julian bewundernd.

Wolfgang zuckte nur mit den Schultern. „Das ist doch jeder auf seine Art."

Der Abend in Hubers Wirtshaus brachte wieder viel Arbeit. Die Linleys saßen in der Nähe der Tür und hatten die Köpfe zusammengesteckt. Sie tuschelten mit zwei jungen Männern. Vor den Engländern standen Teller mit Schweinebraten und Kartoffeln. Das Essen war aber kaum angerührt worden.

Julian, der gerade einen Brotzeitteller zu einem der Tische in der Nähe der Linleys schleppte, rätselte, worüber die beiden wohl mit ihren Gästen sprachen.

Jetzt lachte der Senior laut auf. „Eine Buffa? Das ist doch nur ein schlechter Scherz!"

Buffa? Was wusste Linley?, durchfuhr es Julian. Er zweifelte keine Sekunde daran, dass Wolfgangs Buffa gemeint war. Von wegen geheim! Also hatte Wolfgangs kühner Plan bereits die Runde in Wien gemacht und ausgerechnet die Linleys hatten davon Wind bekommen!

Einer der beiden Männer am Tisch der Linleys hob

die Hände und sagte etwas, was Julian nicht verstehen konnte.

Immer noch lachend ließ der Senior seine Faust auf den Tisch krachen. „Lächerlich, einfach lächerlich! Ein Kind kann keine Buffa schreiben!"

Sein Sohn nickte bestätigend.

„Und dieser kleine Mozart schon mal gar nicht!", ereiferte sich der Senior unnötig laut. „Diese Familie scheint anmaßend zu sein." Er machte eine wegwerfende Handbewegung. „Eine Familie von Schwätzern, von Hochstaplern! Ich bin mir sicher, dass niemand anderes als Leopold Mozart diese Buffa geschrieben hat – und sie jetzt als das Werk seines Sohnes ausgeben will, um morgen vor dem Kaiser zu beweisen, was für ein Wunderkind er hat."

Die Gespräche an den anderen Tischen waren verstummt. Einige Gäste spähten unverhohlen zu den Linleys.

„Aber diesen hübschen Plan der Mozarts werden wir durchkreuzen!", kündigte der Senior drohend an. „Wir werden dieses Lügengebilde zum Einsturz bringen – und dann werden wir ja sehen, was vom ach so talentierten jungen Mozart noch übrig geblieben ist!" Er pochte ungeduldig auf den Tisch. „Wirt!"

Huber eilte herbei, ein Geschirrtuch über dem Unterarm.

„Es schmeckt uns nicht", sagte Linley schroff. „Das

Fleisch hat wenig Würze, die Kartoffeln sind zu weich."

Huber zog die Augenbrauen hoch. „Es tut mir leid, wenn es Euch nicht mundet. Ich werde gleich in der Küche ..."

„Nein, nein, nein", unterbrach Linley ihn barsch. „Gebt Euch keine Mühe, es reicht! Wir werden heute woanders essen. Dort, wo man etwas mehr von der guten Wiener Küche versteht. Wir werden zur *Donau* laufen und im ‚Gasthaus zum Karpfen' speisen. Wie man hört, versteht man sich dort auf die hohe Kochkunst, vor allem bei Fischgerichten. Vielleicht solltet Ihr, Huber, dort auch einmal vorbeischauen, um euch inspirieren zu lassen. Komm, Thomas."

Schon rauschten die Linleys aus dem Gasthaus und ließen einen Wirt mit einem puterroten Gesicht zurück.

„Frechheit!", murmelte Huber, während er zusammen mit Julian die vollen Teller der Linleys abräumte.

„Es hat sich noch nie jemand über unser Essen beschwert", sagte der Wirt, als er mit Julian in die Küche kam.

„Wer hat gemeckert?", fragte Erna, die in einem Topf rührte.

„Die Linleys!"

„Pah, die haben doch keine Ahnung! In ganz England gibt's kein Gericht, das schmeckt!" Ernas Hand hatte sich so fest um den Kochlöffel geschlossen, dass die Fingerknöchel weiß wurden. In diesem Moment ahnte Julian, dass ein so großer Löffel eine Waffe sein konnte – jedenfalls in den Händen einer in ihrer Berufsehre gekränkten Wiener Köchin.

„Warst du schon mal in England?", fragte Julian.

„Natürlich nicht, was soll ich denn da?", giftete Erna. „Schließlich gibt es da nichts Vernünftiges zu essen. Ich würde glatt verhungern!"

Julian musste grinsen. Doch dann wurde er schlagartig wieder ernst.

Wir werden dieses Lügengebilde zum Einsturz bringen, hatte Linley senior angekündigt. Wie meinte er das, was hatte er vor?

Das Duell
der Wunderkinder

Leopold Mozart war streng, aber freundlich. In der dritten Musikstunde am nächsten Tag konnte sich Kim über ein Lob ihres Lehrers freuen. Leon tat sich am schwersten, doch auch er kam in kleinen Schritten voran.

Wolfgang war noch unruhiger als sonst.

„Wolferl, sitz still oder geh raus!", mahnte der Vater.

„Aber es ist doch alles so aufregend", verteidigte sich der Junge. „In wenigen Stunden werde ich vor dem Kaiser spielen."

„Nicht nur du, auch dieser junge Linley will sich beweisen", sagte Leopold.

„Ich weiß, ich weiß!", erwiderte sein Sohn. „Gerade das ist es ja, was mich so nervös macht."

Leopold legte ihm eine Hand auf die Schulter und drückte ihn sanft auf einen Stuhl. „Sei ganz ruhig und vertraue deinen Fähigkeiten."

Wolfgang seufzte laut auf. „Ach, ich weiß nicht, Vater. Gut, dass Nannerl und du an meiner Seite sein werdet."

„Ja, das werden wir. Versprochen."

Wolfgang war schon wieder aufgesprungen. „Und meine neuen Freunde, die müssen auch mit!"

„Wie bitte?", fragte Leopold überrascht.

„Oh ja, Vater, bitte lass Kim, Leon und Julian mitkommen. Sie werden mir Glück bringen. Außerdem wird ihnen das Kostümfest bestimmt auch sehr gut gefallen."

Kim schaute den Musiklehrer erwartungsvoll an. Ein Besuch beim Kaiser samt Kostümfest? Das wäre natürlich was!

„Bitte, Vater, du musst es erlauben!", flehte Wolfgang.

„Na gut, es sei", sprach Leopold jetzt. „Aber in diesem Aufzug brauchen wir sie nicht mitzunehmen."

Wolfgang begann, um seinen Vater herumzuhüpfen. „Kein Problem, für Leon und Julian findet sich sicher etwas in meiner Garderobe. Und für Kim hat Nannerl bestimmt etwas."

Wenig später kam sich Kim vor wie bei einer Modenschau. Nachdem Leopold den Unterricht beendet hatte, waren sie zu einem großen Kleiderschrank im angrenzenden Raum gegangen.

„Alles meins!", rief Wolfgang übermütig und riss die Schranktüren auf. „Fangen wir mit den Perücken an!"

„Ich soll eine Perücke tragen?", staunte Leon.

„Natürlich, alle am Hof tun das", sagte Wolfgang und stülpte sich ein weißes Haarteil über, das er als sein Lieblingsstück bezeichnete.

Als Nächstes reichte er Leon eine schneeweiße Perücke. Über den Ohren waren die Haare zu eleganten Locken hochgedreht und hinten zu einem Zopf gebunden, der von einer samtroten Fliege zusammengehalten wurde.

„Sehr elegant!", lobte Kim.

Auch Julian bekam eine Perücke. Dann lieh Wolfgang seinen neuen Freunden feine Hosen, Spitzenhemden, Samtjacken und Schuhe aus edlem Leder.

„Und, passen die Sachen?", fragte Wolfgang hoffnungsvoll.

„Ein bisschen eng, aber es geht", antwortete Leon. Auch Julian war zufrieden.

„Und nun zu dir!", flötete Wolfgang und führte Kim zu einem weiteren Raum. Dort klopfte er an und wurde von Nannerl hereingelassen.

„Sie braucht etwas Feines zum Anziehen."

„Von mir?"

„Ja! Denn auch Kim wird uns heute zum Kaiser begleiten!"

„Oh, wie schön!", sagte Nannerl und musterte Kim von oben bis unten. „Viel kleiner als ich bist du ja nicht. Da finden wir bestimmt etwas!"

Eine Viertelstunde später sah Kim aus wie eine Prinzessin. Sie trug einen hellbraunen Glockenrock mit raffinierten Stickereien, eine eng anliegende weiße Bluse mit einem aufgestellten Kragen und weiten Ärmeln sowie ein kurzes Jäckchen. Über ihre Schultern fiel ein weißes Tuch aus Seide. Und auch Kim hatte nun eine weiße Perücke auf dem Kopf, ein elegantes Exemplar mit Löckchen, die ihr in die Stirn fielen.

„Perfekt!", lobte Nannerl. „Jetzt kann es losgehen!"

Bevor sie aufbrachen, schickte Wolfgang das Dienstmädchen zu Huber ins Gasthaus. Es sollte ihm ausrichten, dass Kim, Leon und Julian heute später kämen.

Dann brachte ein *Fiaker* die drei Mozarts und die Freunde zur Hofburg. Es war inzwischen früher Abend. Die Kutsche rumpelte auf einen mit weißem Kies bestreuten Platz, die Türen wurden geöffnet und sie stiegen aus.

Was für eine Pracht!, dachte Kim begeistert. Das riesige vierstöckige Gebäude aus grauen und weißen Steinen war mit zahlreichen Säulen und Figuren geschmückt. In der Mitte erhob sich eine bronzene Kuppel.

Vor dem meterhohen Tor standen zwei Wachen mit langen roten Gehröcken und *Hellebarden*. Die Soldaten erkannten die Mozarts sofort und ließen sie, und somit auch die Freunde, in das Innere des Palasts. Dort nahm sie ein Diener in Empfang.

Kim schritt zusammen mit den anderen über schier endlose Flure mit blank polierten Marmorfußböden, kam an aufwendig geknüpften *Gobelins* und Gemälden mit streng dreinblickenden Herrschaften vorbei und erreichte schließlich eine weiße Doppeltür mit edlen Schnitzereien.

Dort bedeutete der Diener ihnen zu warten. Niemand sagte etwas. Wolfgang trat unruhig auf der Stelle. Erst jetzt fiel Kim auf, dass der junge Musiker eine schmale Mappe dabeihatte.

Unvermittelt wurde die Doppeltür geöffnet und die Gäste wurden in den Zeremoniensaal der Hofburg geführt.

Kim war tief beeindruckt. Über ihnen war eine kunstvolle *Kassettendecke* mit 26 Kristall-Lüstern, die mit über 1000 Kerzen bestückt waren. Getragen wurde die schöne Decke von 24 Säulen aus golden schimmerndem Marmor. Der Boden bestand aus dunklem Parkett, das mit aufwendigen Einlegearbeiten verziert war. Vereinzelt lagen schwere weinrote Läufer darauf.

Etwa 100 herausgeputzte Frauen und Männer sowie einige Kinder saßen halbkreisförmig um ein Cembalo herum, das angesichts der enormen Größe des Saals seltsam verloren wirkte. Die Linleys waren schon da. Waren sie etwa einfach früher gekommen, um sich irgendeinen Vorteil zu verschaffen?

Einer der Stühle genau in der Mitte war deutlich größer als die anderen – es handelte sich um einen Thron, golden bemalt und mit rotem Damast bezogen. Und dort saß ein Mann, dessen Alter Kim auf etwa 25 schätzte. Das musste der Kaiser sein!

Schon vollführte Nannerl einen Knicks. Kim machte es ihr schnell nach und senkte demütig den Kopf, auch wenn es ihr schwerfiel.

Wolfgang, Leopold, Julian und Leon verneigten sich tief.

„Schon gut, schon gut", sagte eine schneidende Stimme. „Tretet näher!"

Nun hatte Kim Gelegenheit, den Herrscher genauer zu betrachten. Er hatte ein längliches, glatt rasiertes Gesicht mit einem kräftigen Kinn sowie eine recht lange Nase. Den schmalen Mund zierte ein feines Lächeln, doch die wässrigen, leicht hervorquellenden Augen lächelten nicht mit. Joseph II. hatte eine weiße Perücke auf dem Kopf und einen schwarzen Gehrock mit hellrotem Kragen und goldenen Knöpfen an. Darunter trug er eine goldfarbene Weste über einem schwarzen Hemd mit weißem Einstecktuch und zudem eine Schärpe in den Farben Rot und Weiß.

„Hofintendant!", schnarrte der Kaiser.

Sofort erhob sich ein dicker Mann in einem hellgrünen Gehrock. Sein Gesicht erinnerte Kim an eine Bulldogge.

„Ihr wünscht?", fragte er und beugte sich zu Joseph II., der leise auf ihn einsprach.

Im Publikum wurde gemurmelt.

„Das ist *Guiseppe Affligio!*", flüsterte Wolfgang in Kims Ohr. „Ein wichtiger Mann am Hof – und ein brillanter Musiker, wie man hört. Affligio bestimmt im Auftrag des Kaisers darüber, was in Wien aufgeführt wird – und was nicht. Außerdem schreibt Affligio auch selbst Opern."

Der Kaiser gebot Ruhe und forderte Affligio auf, die Regeln zu erklären.

Der Hofintendant nickte eifrig. Dann sagte er: „Beide Kinder – Wolfgang Mozart und Thomas Linley – werden ein Stück allein spielen."

Linley junior warf Wolfgang einen bösen Blick zu. Wolfgang hingegen lächelte einfach.

„Und dann", Affligio klatschte in die Hände, „dann werden die beiden zusammen spielen."

Ein Raunen ging durchs Rund.

„Zusammen?", empörte sich Linley senior. „Aber das ist doch …"

Joseph II. brachte ihn mit einer kurzen Handbewegung zum Schweigen. Für Kim sah es so aus, als wollte der Herrscher eine lästige Fliege verscheuchen.

„Ihr wisst, Linley, dass auch die Fähigkeit des Zusammenspiels für die Musikalität von größter Bedeutung ist", sagte er gespreizt. „Unter anderem darauf wird ein besonderer Gast achten, den ich hiermit vorstellen möchte ..." Er nickte einem großen Mann mit Stirnglatze und einer braunen Perücke zu.

„*Samuel-Auguste Tissot* ist ein Arzt aus der Schweiz", erläuterte der Kaiser. „Aber nicht ein beliebiger. Dieser Mann hat den Ruf erworben, das Talent von jungen Menschen genau erkennen zu können ..."

Wieder gab es Getuschel.

Kim grübelte. Dieser Tissot war also so eine Art Begabungsforscher. Vermutlich hing von seinem Urteil eine Menge ab ...

Der Arzt erhob sich und nickte ernst nach allen Seiten.

„Na, hoffentlich versteht er auch wirklich etwas von Musik", wisperte Wolfgang und kicherte unüberhörbar.

„Mir scheint, dem jungen Mozart ist zum Scherzen zumute", sagte Joseph II. missbilligend. „Also wird er erst einmal zuhören, was der kleine Linley zu bieten hat."

Ohne Wolfgang eines weiteren Blickes zu würdigen, erhob sich der junge Linley und griff nach seiner Geige. Er trat vor einen Notenständer. Sein Vater folgte ihm und stellte sich neben ihn. Offenbar hatte er die Aufgabe, die Notenblätter zu wenden.

Jetzt herrschte absolute Stille. Man hätte eine Stecknadel fallen hören können.

Linley junior straffte die Schultern. Ruhig und ernst schaute er auf die Noten. Sein Gesicht war ungewöhnlich blass.

Dann begann er. Eine wunderschöne, zarte Melodie schwebte durch den Raum. Kim war wie verzaubert – dieser Linley spielte wirklich großartig! Auch die anderen Zuhörer schienen begeistert zu sein. Sogar Wolfgang lächelte. Nur die Mienen von Leopold und Nannerl Mozart blieben feindselig.

Als der junge Linley fertig war, gab es donnernden Applaus. Er verneigte sich nach allen Seiten. Sein Vater strahlte.

Kim behielt alles im Blick – und so entging ihr nicht, dass sich der Arzt Tissot einige Notizen machte.

„Und nun soll der junge Mozart zeigen, was er kann", forderte der Kaiser.

„Gerne, Majestät!", rief Wolfgang und sprang förmlich zur Bank vor dem Cembalo.

Leopold folgte ihm mit steifen Schritten. Er trug nun die Mappe, die Kim vorher aufgefallen war.

Der Kaiser wollte wissen, was Mozart zu spielen gedachte.

„Etwas Eigenes!", rief Wolfgang.

Affligio hob belustigt die Augenbrauen. „Etwas *Eigenes?*"

„Ja!", sprudelte es aus Wolfgang hervor. „Majestät selbst gab mir den Auftrag!"

„Ist das wahr?", platzte es aus Linley senior heraus. Er wirkte nervös.

Joseph II. nickte.

„Es ist eine Buffa. Sie ist fast fertig!" Wolfgang riss seinem Vater die Mappe aus den Händen. „Seht, das ist die Partitur. Jedoch handelt es sich erst einmal nur um einige wenige Seiten."

„Die sicherlich dein Vater geschrieben hat", sagte Linley senior von oben herab.

„Aber nein, sie stammen allein aus meiner Feder!", brauste Wolfgang auf.

„Das stimmt!", bestätigte sein Vater stolz. „Es handelt sich, wie Wolfgang bereits erläutert hat, nur um einen kleinen Ausschnitt. Das ganze Werk werden wir zu einem späteren Zeitpunkt präsentieren. Wolfgang hat schon an die 500 Seiten verfasst."

Linley senior machte eine wegwerfende Handbewegung. „Der Kleine da soll die Partitur geschrieben haben? Das kann ja jeder behaupten!" Sein Sohn war unterdessen noch blasser geworden.

„Ruhe jetzt, ich will es hören!", befahl der Kaiser.

Nun setzte sich Wolfgang auf die Bank. „Gern!"

Und sobald sein Vater ein Notenblatt in der Halterung befestigt hatte, legte der junge Mozart los. Seine Finger flogen mit einer unfassbaren Leichtigkeit über die Tasten. Er brannte ein regelrechtes musikalisches

Feuerwerk ab. Dabei wirkte er im Gegensatz zu Linley junior keine Sekunde angespannt, sondern fröhlich. Wolfgang schien sich gar nicht auf die Noten konzentrieren zu müssen, denn immer wieder schenkte er den Zuhörern ein Lächeln oder nickte ihnen zu.

Kim beobachtete das Publikum. Einige der Damen schüttelten angesichts dieser Leistung fassungslos die Köpfe. Andere Zuhörer beugten sich vor, um den jungen Mozart besser sehen zu können. Affligios Mund stand offen, Tissot hatte offenbar vergessen, sich Notizen zu machen. Und der Kaiser? Der wirkte restlos überzeugt.

Kim spähte zu den Linleys. Die Gesichtszüge des Seniors wirkten wie aus Stein gemeißelt, sein Sohn machte einen verunsicherten Eindruck.

Auch Wolfgang bekam großen Beifall, als er fertig war. Kim passte genau auf – hatte Wolfgang mehr Zustimmung erhalten als der junge Linley? Ihr schien es fast so. Aber sie war sich keinesfalls sicher.

„Jetzt wollen wir die beiden zusammen hören", kündigte der Kaiser an. Affligio händigte den beiden Wunderkindern Notenblätter aus, und Linley junior stellte sich widerstrebend neben seinen musikalischen Gegner.

Kim war gespannt: Würden die beiden wirklich harmonieren?

Wolfgang und Thomas überspielten jedoch brillant alle Feindseligkeiten – sie gaben ein ideales Duo ab.

Anschließend brandete wieder Applaus auf. Sobald dieser verebbt war, herrschte gespannte Stille. Auch Kim fragte sich: Würde der Kaiser jetzt etwa ein Urteil fällen? Würde er sagen, wen er für den besseren Musiker hielt? Kims Blick huschte von Joseph II. zu Wolfgang, der völlig entspannt wirkte.

Der Kaiser erhob sich und sagte: „Ich danke für diesen wunderbaren Musikvortrag. Wir wollen uns nun ein wenig zerstreuen."

Zerstreuen? Kim war überrascht und schaute zu Leon und Julian, die aber nur mit den Schultern zuckten.

Affligio klatschte theatralisch in die Hände. „Seine Majestät wünscht nun den Beginn des Maskenballs!"

Großes Hallo brach aus. Wolfgang stürmte auf seine Freunde zu. „Wir dürfen uns verkleiden – ist das nicht herrlich?"

Bevor Kim etwas erwidern konnte, sagte Leopold Mozart düster: „Herrlich? Ich weiß nicht. Mir wäre ein klares Urteil lieber!"

„Komm Vater, sei nicht so griesgrämig, jetzt wird gefeiert!", rief Wolfgang.

Seine Freude war ansteckend. Außerdem verkleidete sich Kim sowieso gerne. Auf ein Zeichen von Affligio öffneten Diener mehrere Doppeltüren. In den dahinterliegenden Räumen warteten weitere Diener vor Tischen, auf denen die verschiedensten Kostüme und Kopfbedeckungen lagen.

Kim stürzte sich begeistert ins Getümmel. Vergessen war der musikalische Wettstreit der Wunderkinder. Sie fand einen merkwürdigen Helm. Dieser hatte hinten einen langen weißen Schleier, vorn eine schwarze Maske bis zur Nase und obendrauf – und das war wirklich die Krönung – einen Schwan aus Stoff mit einem goldenen Krönchen.

Leon hatte wenig später ein quietschrotes Gebilde mit Hunderten von Federn auf dem Kopf und einen weiten, ebenfalls roten Umhang an. Julian trug eine Perücke mit einem großen Schiff, das bei jedem Schritt wie bei Seegang hin und her schwankte, und Wolfgang ein kunterbuntes Harlekin-Kostüm. Seine Schwester hatte sich einen Pferdekopf aufgesetzt und Leopold Mozart steckte mit missmutigem Gesicht in einer perlmuttfarbenen Uniform.

Nach und nach verwandelten sich der Kaiser und alle seine Gäste in fantastische Geschöpfe. Das Licht wurde gedämpft, ein Streichquartett spielte auf, Getränke und delikate Häppchen wurden gereicht.

Kim behielt alles im Auge. Es entging ihr daher nicht, dass sich der Kaiser zunächst mit dem Arzt Tissot und dann mit dem Hofintendanten Affligio unterhielt. Zu gerne hätte das Mädchen gewusst, was da besprochen wurde. Ließ sich Joseph II. beraten, wen er zum Sieger küren sollte: Wolfgang oder Thomas?

Kim wurde aus ihren Gedanken gerissen, als Wolfgang sie mit sich zog.

„Lass uns Spaß haben!", rief er.

Und tatsächlich verging keine Stunde, bis im großen Saal ausgelassen gefeiert wurde.

Die Gefährten tobten mit Wolfgang, Nannerl und einigen anderen Kindern in einem Nebenraum herum. Linley junior war jedoch nicht dabei, er wich seinem Vater nicht von der Seite.

Wolfgang hatte die Idee gehabt, „Reise nach Jerusalem" zu spielen, und dafür sechs Stuhlpaare Lehne an Lehne in einer Reihe aufgestellt.

Als Kim einmal früh ausschied, weil sie keinen der freien Stühle ergattert hatte, nutzte sie die Gelegenheit, ihren Blick ein wenig durch den Raum schweifen zu lassen. An der Tür stand ein Mann und beobachtete das ausgelassene Treiben – vor allem aber beobachtete er Wolfgang, der um die Stühle herumsauste, scherzte und lachte. Das Gesicht des Mannes war unter einer goldenen Maske verborgen, von der Strahlen in alle Richtungen abstanden. Wer war das? Etwa Linley senior?

Nun lüftete der Mann die Maske und Kim erkannte, dass es nicht Linley, sondern der Arzt Tissot war, der Wolfgang so neugierig beäugte.

„Weniger Licht, weniger Licht! Das wird ein Spaß!", rief Wolfgang in diesem Moment und begann, die Kerzen, von denen der Raum erleuchtet wurde, zu löschen.

„Wolferl, gleich sehen wir gar nichts mehr!", mahnte seine Schwester.

Wolfgang zwinkerte ihr verschmitzt zu. „Eine bleibt an – aber wirklich nur eine!"

Das Licht des verbliebenen Kerzchens flackerte. Im Umkreis von zwei, drei Metern war noch etwas zu erkennen, aber die Ecken des Raums lagen in vollkommener Dunkelheit.

„Weiter geht's! Nun wird's noch spannender", rief Wolfgang aufgeregt, und eine neue Runde begann.

„Jetzt!", brüllte Wolfgang. Jeder suchte sich einen freien Platz – aber es gab erneut einen Stuhl zu wenig. Diesmal schied Nannerl aus.

Die nächste Runde stand an, ein Stuhl wurde entfernt. Als Kim mit den anderen lachenden Kindern loslief, bemerkte sie, dass Tissot nun ganz in der Nähe der letzten brennenden Kerze stand.

Plötzlich fiel für einen kurzen Moment weiteres Licht in den Raum. Jemand musste durch die Tür geschlüpft sein. Kim spürte einen leichten Windhauch. Kam noch ein Mitspieler hinzu?

Ein Schatten glitt an Kim vorbei, lautlos und schwarz wie die Nacht. Und die letzte Kerze erlosch.

Finsternis.

„Wolferl – warst du das? Lass die Scherze!", hörte Kim Nannerl ängstlich rufen.

„Nein, ich ..."

Weiter kam Wolfgang nicht.

Ein entsetzlicher Schrei gellte durch den Raum.

Wenn das letzte Licht erloschen ist

Julians Blut gefror. Wer hatte da gerade so entsetzlich geschrien? Chaos brach aus. Alle brüllten durcheinander, etwas stürzte polternd um, Glas splitterte.

Julian streckte die Arme aus und tastete sich Richtung Tür vor. Kurz darauf stießen seine Hände gegen den Griff und er riss daran. Vom großen Saal flutete Licht in den Raum.

Julian schaute sich hektisch um: Leon, Kim, Wolfgang, Nannerl und die anderen Kinder – alle da, alle unversehrt. Aber wo war der Arzt Tissot?

Nannerl hatte begonnen, die Kerzen wieder anzuzünden. Wolfgang hob die Scherben einer Karaffe auf, die offenbar gerade zu Bruch gegangen war.

„Und jetzt lasst ihr solche dummen Scherze", ordnete Nannerl an und bedachte alle anderen mit einem strengen Blick.

Julian ging zu Leon und Kim. „Wo ist der Arzt?"

„Gute Frage", erwiderte Leon und zupfte an seinem linken Ohrläppchen, wie immer, wenn er scharf nachdachte.

„Durch die Tür zum Saal ist er nicht gegangen", sagte Julian. „Das hätten wir sehen müssen. Aber da hinten ist noch eine Tür ... Sollen wir mal nachschauen?"

„He, was ist mit euch, wo bleibt ihr denn?", rief Wolfgang ungeduldig.

Julian hob die Hand. „Wir setzen eine Runde aus!" Er sah Kim und Leon erwartungsvoll an. Sie nickten ihm aufmunternd zu.

Also lief Julian mit Kim und Leon im Schlepptau zu der Tür und zog sie auf. Sein Herz setzte einen Schlag aus. Er sah einen großen, ganz in Schwarz gekleideten Mann mit einem weiten Umhang.

Der Herr der Schatten!, durchfuhr es den Jungen.

Die düstere Gestalt presste einen anderen Mann an die Wand und hielt ihm ein Messer an den Hals. Das Opfer war niemand anderes als Tissot, der Arzt!

„Aufhören!", brüllte Julian.

Der Herr der Schatten schlug Tissot nieder, dann wirbelte er herum. Das Messer verließ seine Hand und flog auf die Freunde zu.

Tock! Schon steckte die Waffe federnd im Türrahmen.

Julian, Kim und Leon wichen zurück.

Die Gestalt machte auf dem Absatz kehrt, riss ein Fenster auf und war verschwunden.

„Wer ... wer war denn das?", stammelte Julian.

„Jemand, dem wir hoffentlich nie wieder begegnen", erwiderte Kim und lief zu Tissot.

Der Arzt hatte sich schon wieder aufgerichtet und schüttelte den Kopf. Er wirkte leicht benommen.

„Was hat er von Euch gewollt?", fragte Julian.

„Er hat mich mit dem Messer bedroht und verlangt, dass ich den kleinen Mozart als Schwindler bezeichne", brach es aus Tissot heraus. „Der Kerl wollte mich dazu zwingen zu behaupten, dass ich aufgrund meiner medizinischen Kenntnisse sicher sei, dass ein Kind keine Buffa komponieren könne. Ich sollte sagen, dass vermutlich der Vater die Buffa komponiert habe!"

„Aber warum?"

„Das weiß ich nicht", sagte der Arzt. Seine Stimme zitterte. „Ich weiß nur, dass ich mir nun eine Kutsche kommen lassen werde – und dann werde ich dieses eigentlich sehr schöne Land in Richtung meiner Heimat verlassen. Das wird mir hier zu gefährlich! Soll doch jemand anderes herausfinden, welches das talentiertere der beiden Kinder ist!"

Eine knappe Stunde später waren die Freunde zusammen mit den Mozarts wieder auf dem Heimweg.

Wolfgang redete fast ununterbrochen. Er war vollkommen aufgedreht. Der Besuch in der Hofburg, das Zusammentreffen mit dem Kaiser, das Duell mit Linley junior, das Kostümfest, der Angriff des unheimlichen

Herrn der Schatten – all das schien in rasender Geschwindigkeit in seinem klugen Kopf herumzuwirbeln. Sein Vater wirkte besorgt, Nannerl schwieg vor sich hin.

Julian hing ebenfalls seinen Gedanken nach. Dem Herrn der Schatten war die Flucht aus der Hofburg geglückt, obwohl sofort Wachen auf ihn angesetzt worden waren. Natürlich war der Kaiser empört gewesen, dass es in den hoheitlichen Gemächern zu einem Angriff auf einen Gast gekommen war. Er hatte Tissot gebeten, doch noch zu bleiben. Aber das hatte der Arzt abgelehnt und die Hofburg wie angekündigt verlassen.

In der ganzen Aufregung war das Duell der Wunderkinder untergegangen. Niemand hatte es gewagt, eine Entscheidung zu treffen – schon gar nicht Tissot. In dieser Sache war man unverrichteter Dinge auseinandergegangen.

Julians Gedanken kehrten zum Herrn der Schatten zurück. Hatte er auf eigene Faust gehandelt? Aber warum? Was trieb ihn an? Nein, viel wahrscheinlicher war, dass er einen Auftraggeber hatte. Und wer dieser Auftraggeber war, konnte sich eigentlich jeder denken: Thomas Linley senior.

Als sich nach der Attacke des Herrn der Schatten alle im Prunksaal versammelt hatten, hatte Julian die Linleys genau beobachtet. Der Junior war sehr nervös gewesen, der Senior hatte ruhig und gefasst gewirkt.

Aber vielleicht war das alles nur Fassade gewesen, womöglich war Linley senior einfach ein sehr guter Schauspieler.

Der Fiaker steuerte das Haus der Mozarts an. Wolfgang, Nannerl, Leopold und die Gefährten stiegen aus. Leon, Kim und Julian schlüpften rasch wieder in ihre alten Klamotten, verabschiedeten sich von den Mozarts und machten sich zu Fuß auf den Weg zu Hubers Gasthaus.

„Denkt ihr auch, dass die Linleys hinter der Attacke auf Tissot stecken?", fragte Julian.

„Wer sonst?", kam es fast gleichzeitig von Kim und Leon.

„Die Linleys haben ein Motiv", ergänzte Kim und kickte ein Steinchen durch die menschenleere Gasse.

„Ob die Mozarts das auch so sehen?", überlegte Julian weiter.

„Davon gehe ich aus", sagte Leon. „Aber vermutlich halten sie sich mit Verdächtigungen zurück, weil auch sie keinen Beweis dafür haben, dass die Linleys wirklich die Auftraggeber waren."

Sie gingen schweigend weiter. Die Nacht war mild und still, die meisten Wiener schienen offenbar schon zu schlafen. Nachts sah alles ganz anders aus als am Tag und prompt verliefen sie sich einmal. Aber dank

Julians gutem Orientierungssinn fanden sie schnell wieder den richtigen Weg und erreichten wenig später das Gasthaus, aus dessen Fenstern auch kein Licht mehr fiel.

Eine ausgesprochen schöne Katze sprang ihnen entgegen.

„Kija!", rief Julian und kniete sich hin.

Die Katze ließ sich ausgiebig streicheln. Doch plötzlich versteifte sich ihr Körper.

„Was hast du denn?", fragte Julian lachend. „Keine Lust mehr auf Streicheleinheiten?"

Die Katze fauchte.

Julian beschlich ein komisches Gefühl. Sein Blick irrte über den kleinen Platz vor dem Gasthaus.

Nichts, alles ruhig.

Oder?

Eine Bewegung, kaum wahrnehmbar, gleich neben einer hohen Linde neben dem Eingang des Wirtshauses.

Kija machte einen Buckel. Ihr Blick war starr auf den Baum gerichtet.

Für einen Moment hoffte Julian, dass dort nur eine andere Katze war oder ein Hund. Aber eigentlich wusste der Junge, dass Kija deswegen nicht so aufgeregt sein würde.

Kija fauchte erneut.

Julians Nackenhaare stellten sich auf. Dort, dicht am Baum, war jemand! Jetzt sprang ein Mann hervor, ganz in Schwarz gekleidet. Sein weit geschnittener Mantel bauschte sich hinter ihm auf.

Der Herr der Schatten! Und in seiner Hand lag ein Messer!

„Weg!", schrie der Junge.

Julian, Leon, Kim und Kija rannten los.

„Hier lang!", brüllte Julian und bog in eine finstere Gasse ab. Im Rennen drehte er sich um. Leon kam hinter ihm her, auch Kija sah er – aber wo war Kim?

„Nein, hier lang!", hörte er sie rufen. Offenbar war Kim in eine andere Gasse geflohen.

Schritte hallten durch die Nacht – und dann hörte Julian Kim schreien.

Er bremste ab. „Wir müssen ihr helfen!"

Die Jungs flitzten mit Kija zurück zu dem kleinen Platz. Julians Blicke schossen in die anderen Gassen, die von dem Platz abgingen.

Nichts, keine Seele weit und breit.

„Das gibt es doch nicht", hauchte Julian mit bebender Stimme.

„Kim!", schrie Leon verzweifelt. Aber niemand antwortete.

Kim war wie vom Erdboden verschluckt.

Der Brief

„Vielleicht hat der Herr der Schatten Kim entführt", sagte Leon tonlos. „Womöglich ist sie aber auch weggelaufen, konnte sich irgendwo verstecken und hört uns jetzt einfach nicht."

Kija rieb sich maunzend an seinen Beinen.

„Aber wieso taucht sie dann jetzt nicht auf?", wandte Julian ein.

Wieder und wieder riefen sie Kims Namen – jedoch ohne Erfolg. Das Mädchen blieb verschwunden.

„Er hat Kim entführt! Lass uns den Wirt und die Wachen alarmieren. Und den Kaiser! Ach was, am besten ganz Wien!" Julian wischte sich energisch mit der Hand über die Augen. „Alle werden den Herrn der Schatten jagen! Und wenn wir ihn finden, befreien wir Kim!"

Leon nickte nur. Doch in diesem Moment entdeckte er etwas an der Linde, was dort eigentlich nicht hingehörte.

Ein Messer steckte im Stamm.

„Warte", bat er Julian, der schon auf dem Weg zur Tür des Gasthauses war, leise.

„Was ist?", fragte sein Freund ungeduldig.

Leon deutete stumm zu der Linde.

Sie gingen zu dem Baum hinüber. Die Klinge des Messers hatte sich durch ein Schriftstück gebohrt, das leicht im Wind flatterte.

Leon zögerte einen Moment. Doch dann packte er den Griff der Waffe und riss sie aus dem Stamm. Mit der anderen Hand fing er das Schriftstück auf. Die Freunde traten in die Mitte des Platzes und entzifferten im Mondlicht den Text der Botschaft.

„Ich habe das Mädchen", las Leon vor. „Und wenn ihr es wiedersehen wollt, werdet ihr das tun, was ich verlange. Ich weiß, dass ihr Zugang zum Haus der Mozarts habt. Also wird es euch leichtfallen, die Partitur der Buffa von Wolfgang zu stehlen."

„Ist der Kerl verrückt geworden? Wir sind doch keine Diebe!", entfuhr es Julian.

„Psst", machte Leon und las weiter vor: „Ihr werdet die Partitur morgen Abend um zehn Uhr zum Stephansdom bringen. Dort legt ihr sie links am *Riesentor* ab, unterhalb der *Tuch- und Leinenelle*. Dann verschwindet ihr. Ich werde euch genau im Auge behalten, ich werde immer in eurer Nähe sein und ich werde jeden eurer Schritte sehen. Macht keine Dummheiten, wenn ihr das Mädchen lebend wiederhaben wollt. Keine Wachen, keine Soldaten! Wenn ihr spurt, werde ich das Mädchen später freilassen."

Entsetzt ließ Leon das Schreiben sinken. „Jetzt gibt es keine Zweifel mehr. Kim ist in seinen Händen, wie furchtbar!"

„Sollen wir Alarm schlagen?", überlegte Julian laut.

„Auf keinen Fall, wir dürfen nichts unternehmen, was Kim gefährlich werden könnte!" Leon rollte den Erpresserbrief zusammen und steckte ihn ein. „Jetzt weiß ich auch, warum der Kerl mich angegriffen hat ...", sagte er langsam.

Julian blickte ihn fragend an.

„Zunächst wollte er offenbar mich entführen und Kim und dich erpressen, um an die Buffa zu kommen", erklärte Leon.

„Aber ich glaube nach wie vor nicht, dass er auf eigene Faust handelt und dass er ein gewöhnlicher Verbrecher ist, wie Huber sagte. Dieser Kerl hat Hintermänner", ergänzte Julian.

Leon nickte. „Und sie wohnen in diesem Haus." Er deutete zum „Schwarzen Bären".

„Die Linleys haben ja in aller Öffentlichkeit angedroht, Wolfgang beim Kaiser zu vernichten!", fügte Julian hinzu.

Plötzlich fühlte sich Leon unendlich klein. Er hatte wahnsinnige Angst um Kim, die jetzt in den Händen dieses skrupellosen Verbrechers war. Und Julian und er konnten noch nicht einmal Hilfe holen. Nein, es gab nur eine einzige Möglichkeit, Kim zu retten. Sie hatten keine Wahl …

Leon schaute seinen Freund traurig an. „Sieht so aus, als müssten wir diesem Mistkerl gehorchen."

„Wir werden also zu Dieben …", flüsterte Julian.

Leon schluckte. „Wir müssen es tun! Hoffentlich geht alles gut. Stell dir nur mal vor, die Mozarts kämen uns auf die Schliche!"

„Das darf einfach nicht passieren", sagte Julian. „Denn dann wäre Kim verloren!"

Diebe wider Willen

„Auf, auf!", rief der Wirt am nächsten Morgen. Er stand breitbeinig in der Tür zu ihrer kleinen Kammer. „Die Sonne lacht, es ist ein wunderschöner Tag zum … Arbeiten!"

Julian erhob sich von seinem einfachen Lager. Er fühlte sich wie gerädert, denn er hatte kaum Schlaf gefunden.

„Wo ist denn das Mädchen?", fragte der Wirt und kratzte sich am Hinterkopf.

Da fiel Julian siedend heiß ein, dass sie noch eine Erklärung brauchten, wieso Kim auf einmal verschwunden war.

„Sie ist … äh … weg", stammelte er.

„Das sehe ich", erwiderte Huber lachend. „Und wo ist sie hin?"

„Sie ist fortgelaufen, einfach so", erwiderte Julian.

„Einfach so?"

„Ja, ihr war die Arbeit zu anstrengend. Da hat sie sich aus dem Staub gemacht", flunkerte Julian.

Der Wirt sah ihn durchdringend an. „Das passt

irgendwie gar nicht zu ihr. Auf mich hat sie einen zuverlässigen Eindruck gemacht. Und fleißig war sie auch. Na ja, so kann man sich täuschen. Nun müsst ihr beiden eben ihre Arbeit mit erledigen, wenn ihr die nächsten Kreuzer haben wollt."

Julian und Leon schufteten den ganzen Vormittag im Wirtshaus. Gegen zehn Uhr tauchten die Linleys auf und gönnten sich ein spätes Frühstück. Linley junior wirkte fahrig und unausgeschlafen, während sein Vater wieder einmal das große Wort führte. Als der Wirt ihm Kaffee brachte, tönte der Senior, dass sein Sohn in der Hofburg brilliert habe.

„Der kleine Mozart wurde vor Schreck ganz weiß, als er meinen Jungen spielen hörte", berichtete er und prustete los. „Und sein Vater erst – der sah noch schlimmer aus! Wie ein Gespenst!"

Alter Angeber, das stimmt ja gar nicht, dachte Julian wütend. Aber er hielt lieber seinen Mund.

Am Nachmittag bekamen Julian und Leon etwas zu essen und ihren Lohn. Sie brachen sofort zu den Mozarts auf. Es war Viertel vor drei.

Je näher sie dem Haus kamen, umso nervöser wurde Julian. Er war kein Dieb. Er würde sich bestimmt furchtbar ungeschickt anstellen – und damit Kims Freilassung gefährden!

„Wir kriegen das schon hin", sagte Leon, der Julians Unruhe zu spüren schien.

Kurz darauf hatten sie das Haus erreicht.

Julian atmete einmal tief durch, dann klopfte er an. Wie immer brachte das Dienstmädchen sie in den Unterrichtsraum.

„Da seid ihr ja!", freute sich Wolfgang, der vor dem Cembalo saß. Sein Vater stand neben ihm, eine Partitur in den Händen.

„Aber wo ist Kim?", fragte Wolfgang. „Ist sie etwa krank?"

Julian schüttelte den Kopf. Dann erzählte er zum zweiten Mal die Notlüge.

„Wie schade", murmelte Wolfgang. „Sie ist doch so nett." Er kicherte. „Und hübsch ist sie auch!"

„Wolferl!", raunzte sein Vater ihn an und hob drohend die Partitur. „Das gehört sich nicht. Hier spielt die Musik!" Er deutete auf das Instrument.

Doch Wolfgang beachtete seinen Vater gar nicht weiter. Er sprang auf, machte eine übertriebene Verbeugung und deutete auf die kleine Bank. „Bitte schön, ihr seid dran."

Julian nahm als Erster Platz.

„Na, dann wollen wir doch mal sehen, ob du Fortschritte machen kannst", sagte Leopold streng und begann mit dem Unterricht.

Aber Julian war überhaupt nicht bei der Sache. Er dachte unentwegt an Kim und an ihren Auftrag.

Die Buffa ... Wo war die Partitur?

„Das hat ja heute überhaupt keinen Sinn mit dir", tadelte der Lehrer ihn nach einer Viertelstunde. „Komm, Leon, mach du es jetzt mal besser."

Erleichtert rutschte Julian von der Bank. Während Wolfgang und Leopold konzentriert Leons Spiel lauschten, schaute sich Julian unauffällig um. Dort war der Sekretär – und da lag doch ein dickes Bündel Papier! Es waren sicher Hunderte von Seiten.

Julians Mund wurde trocken. War das die gesuchte Partitur? Er stand auf und begann, scheinbar ziellos durch den Raum zu schlendern. Niemand achtete auf ihn – und so ging der Junge langsam an dem Sekretär vorbei. Dabei warf er einen Blick auf die oberste Seite.

„La finta semplice" stand dort zu lesen.

Keine Frage, das war die Buffa! Aber wie, fragte sich der Junge mit klopfendem Herzen, sollten sie das umfangreiche Werk unbemerkt aus dem Haus schmuggeln?

Da hatte er eine Idee. Schon zog er seine Jacke aus und hängte sie über den Stuhl, der vor dem Sekretär stand.

„Ganz schön warm heute, nicht wahr", hörte er in diesem Moment Wolfgang in seinem Rücken sagen.

Julian erstarrte. Offenbar hatte Wolfgang ihn beobachtet.

Er drehte sich langsam um und antwortete: „Ja, heute ist es richtig heiß."

Wolfgang nickte ihm freundlich zu und konzentrierte sich dann wieder auf Leon.

Julian atmete auf.

Nach einer Stunde war der Unterricht beendet. Julian hatte noch ein paar Fingerübungen machen dürfen, bevor Leon ein zweites Mal an die Reihe gekommen war.

Leopold verließ das Musikzimmer, nachdem Leon ihm die vereinbarten Kreuzer gegeben hatte. Beim Hinausgehen kündigte er an, einen älteren Musikschüler in dessen Haus aufsuchen zu wollen, um ihm dort Unterricht zu erteilen.

Leon sah seinen Freund verstohlen an. „Wie kommen wir an die Buffa?", schienen seine Augen zu fragen.

Julian zwinkerte ihm zu und versuchte, ganz ruhig zu wirken.

„Gehen wir noch runter in die Küche?", fragte Wolfgang gut gelaunt. „Vielleicht gibt es wieder ein Stück Kuchen!"

„Gern!", sagte Julian. Er ließ Leon und Wolfgang bewusst den Vortritt. Als die beiden schon aus dem Raum gegangen waren, wickelte er blitzschnell seine Jacke um die Partitur.

Als er sich das Werk unter den Arm klemmte und damit aus dem Zimmer spazierte, kam er sich unendlich mies vor. Gleichzeitig hoffte er inständig, dass sein Plan gelingen würde. Für Kim.

„Wo bleibst du denn?", rief Wolfgang lachend, als Julian mit rotem Kopf die Treppe hinunterpolterte. Der junge Mozart stand mit Leon bereits vor der Tür, die zur Küche führte.

„Ich hatte nur meine Jacke vergessen", schwindelte Julian.

„Beeil dich, sonst essen wir dir alles weg!", rief Wolfgang und betrat die Küche.

Julian hatte den Flur erreicht und wollte das Bündel mit der Partitur gerade unter ein Beistelltischchen legen, um es später mit hinauszuschmuggeln, als er einen heftigen Stoß gegen die Schulter erhielt. Er verlor das Gleichgewicht, fiel hin und ließ die Jacke fallen. Die Blätter der Partitur segelten auf den Boden.

Entsetzt sah Julian hoch.

Nannerl stand neben ihm.

„Entschuldige, ich habe gehört, dass es Kuchen gibt, und da bin ich aus dem ..." Ihr Blick fiel auf die Blätter. Ihr Mund klappte auf.

Julian begriff, was passiert war: Das Mädchen war aus dem Raum gekommen, der der Küche gegenüberlag, und hatte ihm dabei unabsichtlich die Tür gegen die Schulter gerammt.

„Was haben wir denn da?" Nannerl beugte sich über die Seiten. „Das ist doch … Wolferl, schau mal!"

Kreidebleich wich Julian zurück. Jetzt war alles aus!

Wolfgangs Kopf erschien in der Küchentür. Hinter ihm tauchte Leon auf.

„Was ist denn?", fragte Wolfgang ungehalten.

„Das wollte ich gerade Julian fragen", sagte Nannerl spitz. Aus ihren Augen sprühten Funken. „Was hattest du mit der Partitur vor, Julian?"

„Stimmt, das ist ja die Buffa!", rief Wolfgang verblüfft. „Wieso hast du sie …" Er sah Julian traurig an. „Wolltest du sie etwa … stehlen?"

Julian schluckte. „Ja, äh nein, eigentlich nicht. Es ist so, dass …", begann er sich zu rechtfertigen, brach dann aber ab. Er konnte nicht mit der Wahrheit herausrücken. Die Mozarts würden bestimmt sofort die Wachen alarmieren, um dem Herrn der Schatten endlich das Handwerk zu legen. Und dann würde Kim in größter Gefahr schweben!

„Das hätte ich nie von dir gedacht. Was willst du denn mit der Partitur? Sie verkaufen? An die Linleys vielleicht?" Wolfgang hatte Tränen in den Augen.

Julian wollte etwas sagen, aber Wolfgang ließ ihn gar nicht mehr zu Wort kommen. „Ich will dich nie wieder sehen!", sagte er zornig. Er schaute zu Leon. „Hast du von dem Plan deines Freundes gewusst?"

Leon nickte.

„Dann verlass auch du unser Haus", sagte Wolfgang, während er begann, die Blätter aufzuheben. Er schniefte. „Und ich habe gedacht, dass ich in euch Freunde gefunden hätte!"

Julian und Leon schlichen mit hängenden Schultern aus dem Haus der Mozarts.

„Was für eine Katastrophe", sagte Julian bedrückt, als sie Richtung Gasthaus gingen. „Bei den Mozarts brauchen wir uns nicht mehr blicken lassen. Aber was noch viel schlimmer ist: Wie sollen wir ohne die Buffa Kim befreien? Und das ist alles meine Schuld!"

„Unsinn, es war ein dummer Zufall", erwiderte Leon und klopfte seinem Freund aufmunternd auf die Schulter. „Uns fällt schon etwas ein."

Julian blieb stehen. „Ach ja? Und was?"

Leon schwieg. Auch er schien keinen Plan zu haben, wie sie Kim retten konnten.

Im Untergrund

Ein kalter Windhauch weckte Kim. Wo war sie? Benommen rieb sie sich die Augen. Sie hatte starke Kopfschmerzen.

Langsam wurden die Bilder scharf, und nun erkannte das Mädchen im Licht einer einzelnen Fackel, dass es auf einer harten Pritsche mit einer klammen Decke lag. Die Pritsche stand in einem Gewölbe. Kim war allein.

Die Wände waren gemauert und mit Schimmel, Flechten und Spinnweben überzogen. Es roch nach Fäulnis.

Kim stand vorsichtig auf, wobei sich der Schmerz in ihrem Kopf verstärkte. Was war geschehen?

Langsam kehrte die Erinnerung zurück. Die Nacht nach dem denkwürdigen Duell der Wunderkinder in der Hofburg, der Schatten an der Linde, das Messer, die Verfolgung …

Der Herr der Schatten hatte Kim eingeholt und sie überwältigt. Das Letzte, an was Kim sich erinnern konnte, war ein weißes Tuch, das der Verbrecher ihr aufs Gesicht gedrückt hatte. Dann hatte sie das Bewusstsein verloren. Offenbar hatte der Täter sie mit irgendetwas betäubt und in dieses Verlies verschleppt. Und dieses Betäubungszeug sorgte dafür, dass sie nun einen gewaltigen Brummschädel hatte.

Kim ließ den Blick schweifen. Sie befand sich in einem kleinen, gemauerten Tunnel, der etwa drei Meter breit, zwei Meter hoch und ungefähr fünf Meter lang war. Auf dem Boden standen Pfützen. Sie schritt ihr Gefängnis ab. Am Kopfende ihrer Pritsche reichte ein Berg aus Schutt bis zur Decke des Tunnels. Es sah ganz so aus, als sei dieser Teil irgendwann einmal eingestürzt. Das andere Ende des Tunnelstücks war mit einem massiven Gitter gesichert. In der Mitte des Gitters befand sich eine schmale Tür, die, wie Kim feststellen musste, fest verschlossen war. Das Mädchen rüttelte an den Stäben, die sich jedoch keinen Millimeter bewegten. Durch die Stäbe war ein Gang zu sehen, der sich in der Dunkelheit verlor.

Kim setzte sich mutlos auf die Pritsche. Sie war gefangen, in diesem düsteren, kalten Loch. Was war das hier überhaupt – der Keller eines Hauses oder der Kerker einer Burg? Warum hatte man gerade sie entführt? Und wo waren Leon, Julian und Kija? Wie ging es ihnen?

Schritte hallten durch das Gemäuer. Kim blickte zum Gitter. Eine große Gestalt schälte sich aus der Finsternis. Sie kam rasch näher.

Das Mädchen drückte sich an die kalte Wand. Es gab kein Entkommen, keine Fluchtmöglichkeit.

Jetzt hatte der Unbekannte das Gitter erreicht. Er war ganz in Schwarz gekleidet und mit einem Tuch, das nur die Augen freiließ, vermummt.

Der Herr der Schatten!

Ein Schlüssel wurde ins Schloss geschoben und gedreht. Die Tür schwang auf, der Mann betrat das Verlies. Er trug einen tiefen Teller in der einen Hand und musterte Kim mit kalten Augen.

Das Mädchen streckte das Kinn vor und beschloss, sich nicht anmerken zu lassen, wie sehr es sich fürchtete.

Der Mann trat an die Pritsche heran und stellte den Teller auf dem Boden ab. Kim stieg der Duft einer heißen Suppe in die Nase. Ihr Magen begann zu knurren.

„Iss", sagte der Herr der Schatten mit rauer Stimme.

Kim schüttelte den Kopf.

Der Mann hob die Schultern. „Wie du willst." Er wandte sich zum Gehen.

„Halt, bitte", rief Kim. „Wartet!"

Langsam drehte sich der Herr der Schatten um.

„Wo bin ich hier überhaupt?", fragte Kim leise.

„In den Kanälen Wiens", erwiderte der Mann. „Als einzige Stadt weit und breit ist Wien vollständig kanalisiert. Das hier ist ein stillgelegter Arm, der teilweise eingestürzt ist und schon länger nicht mehr benutzt wird." Er lachte hohl. „Außer ab und zu von mir, um Menschen wie dich, wie soll ich sagen, sicher aufzubewahren."

Der Herr der Schatten kam näher an Kim heran. Seine eisgrauen Augen waren starr auf das Mädchen gerichtet. „Dieser Kanal befindet sich übrigens tief unter der Erde. Was ich damit sagen will: Du kannst hier nicht raus, jedenfalls nicht, solange ich es dir nicht erlaube. Schreien ist sinnlos. Niemand würde dich hören – außer der einen oder anderen Ratte vielleicht."

Kim schluckte. „Warum ... bin ich überhaupt hier?"

„Weil ich dich brauche. Du bist mein Pfand, meine Garantie. Ich werde dein Leben eintauschen: gegen die Buffa."

„Die Buffa?"

„Ja, deine kleinen Freunde werden sie für mich aus dem Haus der Mozarts stehlen", sagte der Mann obenhin. „Um zehn Uhr werden sie die Partitur an einen bestimmten Platz legen. Und wenn ich die Buffa habe, werde ich dich freilassen." Er zögerte. „Vielleicht ..."

Kim ballte die Fäuste. Dieser Mistkerl spielte mit ihrer Angst. Am liebsten hätte sie ihm mit voller Wucht vors Schienbein getreten. Doch sie beherrschte sich, schließlich war ihr der Mann körperlich haushoch überlegen. Und wer wusste schon, ob er nicht wieder ein Messer dabeihatte!

„Wie spät haben wir es jetzt überhaupt?", fragte sie.

„Sechs Uhr abends", lautete die Antwort.

Dann schritt der Herr der Schatten zu der schmalen Tür, schlüpfte hindurch und sperrte sorgsam hinter sich ab.

„Ich habe noch etwas in der Stadt zu erledigen. Übrigens: Deine Suppe wird kalt", sagte er, bevor er in den Tiefen der Kanäle verschwand.

Kim gab dem Teller wütend einen Tritt, sodass die Suppe in alle Richtungen spritzte und der Löffel auf den Steinen landete. Das war vielleicht nicht besonders clever gewesen, weil sie nicht wusste, wann sie wieder etwas zu essen bekommen würde. Aber es hatte ungemein gutgetan.

Leon und Julian sollen also zu Dieben werden!, dachte Kim entrüstet. Und sie selbst sollte als Tauschobjekt dienen. Na, großartig!

Aber Kim wäre nicht Kim, wenn sie sich mit dieser dämlichen Rolle abgefunden hätte. Das Mädchen begann zu grübeln. Es musste hier raus. Nur wie?

Konnte Kim den Trümmerberg wegräumen? Nein, lautete die ernüchternde Antwort. Die Steine waren viel zu groß und schwer. Blieb das Gitter mit dem Tor. Im Licht der Fackel untersuchte Kim es. Wieder nichts.

Die Stäbe waren ziemlich dick, die Lücken dazwischen zu schmal. Keine Chance, da kam sie nicht durch.

Kim setzte sich wieder auf die Pritsche und stützte das Kinn in die Hände.

Da fiel ihr Blick auf den Löffel. Ihr Puls beschleunigte sich. Der Löffel wirkte ziemlich stabil ... Kim hob ihn auf. Konnte man ihn als Werkzeug benutzen?

Das Mädchen konzentrierte sich auf das Gitter. Die Stäbe mochten ja zu dick sein, um sie zur Seite zu biegen, aber wie stand es um ihre Verankerung im Gemäuer? Die Steine wirkten teilweise porös und brüchig – vor allem der Putz dazwischen. Probeweise kratzte Kim an einer Stelle mit dem Löffel. Der Putz rieselte zu Boden.

Ein Lächeln huschte über Kims Gesicht. Dann begann sie, den Putz rund um einen Stein, in dem einer der Gitterstäbe steckte, wegzukratzen.

Es funktionierte!

Eine Viertelstunde später war der Stein am oberen Ende des Gitterstabes bereits etwas locker. Dann bearbeitete Kim  den Stein am unteren Ende. Weitere zehn Minuten später war auch dieser locker. Doch Kim gelang es nicht, den Stab samt Steinen herauszubrechen. Sie brauchte einen Hebel.

Suchend schaute sie sich in ihrem Gefängnis um.

Die Pritsche! Das wackelige Ding stand auf vier dünnen Holzbeinen. Kim holte aus und trat gegen eines der Beine. Es splitterte, und das Bein knickte weg.

Das Mädchen brach das Bein ganz ab und benutzte es jetzt als Hebel. Es knirschte, dann lösten sich die Steine und der Metallstab polterte zu Boden!

Kim ballte die Fäuste. Eins zu null für sie! Sie nahm sich den angrenzenden Gitterstab vor, und auch diesen konnte sie herausbrechen. Dann schnappte sie sich die Fackel und quetschte sich durch den Spalt auf die andere Seite des Gitters.

Die Fackel hoch über den Kopf haltend lief Kim ein kurzes Stück, bis der Gang in einen anderen Kanal mündete, der jedoch viel breiter war als der tote Arm, in dem sie gefangen gehalten worden war. In der Mitte floss eine undefinierbare, stinkende Brühe. Rechts und links davon verliefen gemauerte Stege. Kim überlegte einen Moment. Wo sollte sie hin? Sie entschied sich für den linken Steg. Das Mädchen ahnte, dass diese Stege für die bemitleidenswerten Arbeiter gedacht waren, die das Kanalnetz hin und wieder reinigen mussten.

Langsam ging Kim vorwärts. Der Boden war glitschig. Überall tropfte Wasser von der Decke. In der Dreckbrühe neben ihr blubberte es, und Kim beschloss, nur noch durch den Mund zu atmen. Vor ihr, halb im Schatten, hockte ein pelziges Wesen, das blitzschnell ins Abwasser glitt, als Kim näher kam.

Kim riss sich zusammen und unterdrückte ihren Ekel. Sie musste sich darauf konzentrieren, hier irgendwie herauszukommen. Also ging sie stur geradeaus – in der Hoffnung, einen Ausweg zu finden.

Doch plötzlich schien sich das hallende Geräusch, das ihre Schuhe verursachten, verdoppelt zu haben.

Das Mädchen verharrte.

War hier unten noch jemand?

Der Herr der Schatten, der ihre Flucht bemerkt hatte und der sie jetzt verfolgte, der sie jagte, das Messer in der Hand?

Kim drückte sich in eine Nische in der feuchten Wand und wagte nicht zu atmen.

Sie lauschte gebannt. Doch es herrschte Stille, sah man einmal vom Rauschen der Abwässer ab. Kim hatte sich wohl nur geirrt.

Also verließ das Mädchen die Deckung und ging weiter. Mittlerweile war die Fackel weit über die Hälfte heruntergebrannt. Kim malte sich lieber nicht aus, was wäre, wenn sie erlosch.

Wenig später erblickte sie unvermittelt etwas, was ihr Herz höherschlagen ließ: eine Leiter, die zur Decke des Kanals führte! Oben war ein runder Holzdeckel.

Rasch erklomm Kim die Sprossen und drückte mit einer Hand gegen den Deckel – mit der anderen versuchte sie, sich an der Leiter festzuhalten und gleichzeitig die Fackel nicht fallen zu lassen. Zu Kims end-

loser Erleichterung ließ sich der Deckel ein wenig anheben und zur Seite schieben.

Das Mädchen schlüpfte durch das Loch in der Decke und fand sich in einem mit allerlei Arbeitsgeräten wie Harken und Schaufeln vollgestopften Schuppen wieder. Kim stieß die Tür, die nicht verschlossen war, auf. Warme Sommerluft schlug ihr entgegen. Vor irgendwoher erklangen Geigenmusik und ein glückliches Kinderlachen – was für ein Unterschied zu den Geräuschen, die sie im Kanal gehört hatte! Menschen flanierten vorbei, ohne Kim zu beachten. Wo war sie?

Kurzerhand fragte sie eine Frau, die an einem Stand Kräuter verkaufte, nach dem Weg zum „Schwarzen Bären". Glücklicherweise kannte die Frau das Wirtshaus und wies Kim den Weg.

Das Mädchen rannte los.

Auf der Lauer

In Hubers Gasthaus war jetzt um acht Uhr abends wieder sehr viel los.

Erna rührte in großen Töpfen, schob Pfannen auf den Herd, würzte, schmeckte ab – kurz: Sie gab alles, und vor allem gab sie Kommandos.

Leon musste vom Hof Holzscheite heranschleppen, mit denen die Herdstellen befeuert wurden. Julian war zum Kleinschnippeln von Gemüse eingeteilt.

Und Kija? Die hatte es mal wieder so richtig gut. Ihre Aufgabe bestand darin, auf der Fensterbank zu liegen und dem hektischen Treiben völlig entspannt zuzuschauen.

Die Tür zur Küche flog auf und der Wirt erschien. „Wo bleibt das Geselchte?", rief er und wischte sich den Schweiß von der Stirn.

„Gleich fertig!", kam es vom Herd.

„Leon, geh vor zur Theke und bring die Krüge, die beim Fass stehen, zum Tisch ganz rechts. Beeil dich, die Herrschaften sind schon ganz ungeduldig!"

Leon sauste sofort los. Er war froh, für eine Weile

kein Holz mehr schleppen zu müssen. Fast alle Tische waren besetzt. Die Linleys jedoch waren erneut nicht da. Der Senior hatte großspurig angekündigt, wieder einmal im „Karpfen" an der Donau speisen zu wollen.

Als Leon gerade das Gewünschte vor den Gästen abstellen wollte, betrat ein Mädchen den Raum.

Kim!

Leon knallte die Krüge auf den Tisch und lief ihr entgegen. Die beiden fielen sich in die Arme.

„Wir hatten solche Angst um dich", murmelte Leon. Dann grinste er. „Aber sag mal, wo kommst du eigentlich her? Du riechst ein wenig … streng!"

„Aus den Kanälen!", erwiderte Kim lachend und zog Leon in die Küche.

Dort wurde sie auch von Julian herzlich begrüßt. Kija sprang von der Fensterbank und schnürte um Kims Beine. Das Mädchen nahm die Katze auf die Arme und streichelte sie ausgiebig.

„Habt ihr es jetzt bald?", polterte der Wirt. „Hier wird gearbeitet und nicht geschmust!" Er sah Kim scharf an. „Und was willst du jetzt überhaupt wieder bei mir? Ich dachte, dir passt die Arbeit nicht!"

„Doch schon, ich habe es mir anders überlegt", sagte Kim leise und schaute zu Boden. „Ich bitte Euch, gebt mir noch eine zweite Chance!"

Leon blickte zu Huber.

Der Wirt legte die Stirn in Falten. „Na gut, ich bin

nun mal ein gutmütiger Mensch. Bleib von mir aus. Arbeit haben wir ja wirklich genug!"

„Danke!", sagte Kim strahlend.

Gegen neun Uhr wurde es ruhiger im Gasthaus. Huber erlaubte den Gefährten, sich an einen Tisch zu setzen, und gab ihnen etwas zu essen. Jetzt endlich konnten sich die Freunde austauschen. Kija hockte auf Kims Schoß und ließ sich kraulen.

Zunächst berichtete Kim von ihrem Zusammentreffen mit dem Herrn der Schatten und von ihrer aufregenden Flucht.

„Und – wie sieht der Kerl aus?", fragten Leon und Julian wie aus einem Mund.

Doch Kim hob nur die Schultern. „Er war vermummt, ich kann es euch wirklich nicht sagen."

Dann erzählten Leon und Julian von ihrem missglückten Versuch, die Buffa zu stehlen.

Kim lachte auf. „Na, eigentlich ist ja jetzt alles in Butter. Die Buffa ist an dem Ort, wo sie hingehört …

„… und du bist es auch", ergänzte Julian grinsend. Doch dann wurde er wieder ernst. „Dennoch, ich finde es schade, dass die Mozarts Leon und mich für Diebe halten. Das möchte ich aus der Welt schaffen, wir müssen ihnen erklären, warum wir das getan haben."

„Da hast du Recht", sagte Leon. „Ich frage mich ehrlich gesagt, ob der Herr der Schatten nun Ruhe geben wird oder ob er ein neues Verbrechen plant, um an die Buffa heranzukommen. Am besten wäre es natürlich, wenn wir dem Mistkerl das Handwerk legen könnten."

„Klar, aber wie willst du das machen?", fragte Kim.

Leon begann, an seinem linken Ohrläppchen zu zupfen, wie immer, wenn er scharf nachdachte.

Kim und Julian sahen ihn erwartungsvoll an.

„Ich habe eine Idee", flüsterte Leon nach einer Weile. „Der Herr der Schatten weiß womöglich zwei Dinge noch nicht. Zum einen kann er nicht wissen, dass Julian und ich erwischt wurden und dass wir die Buffa gar nicht haben. Und zum anderen besteht die Möglichkeit, dass der Kerl in der Zwischenzeit gar nicht mehr in der Kanalisation war und Kims Flucht daher noch nicht bemerkt hat …"

„Worauf willst du hinaus?", fragte Kim atemlos.

„Ich vermute, dass der Herr der Schatten ganz nach Plan vorgeht", erläuterte Leon. „Er wird um zehn am Stephansdom aufkreuzen, um die Buffa am Riesentor abzuholen. Was hindert uns daran, auch um diese Uhrzeit dort zu sein?"

„Der Wirt", sagte Kim spontan.

„Wir müssen ihn ja nicht um Erlaubnis fragen", führte Leon seinen Gedanken weiter aus. „Wir verstecken uns in der Nähe des Riesentors und werden ja sehen, ob der Herr der Schatten auftaucht. Und wenn er wieder verschwindet, heften wir uns an seine Fersen. So wird er uns zu seinem Haus führen. Dann alarmieren wir die Wachen, die den Mistkerl festnehmen – was sagt ihr?"

Kim nickte energisch. „Super Idee, auch wenn ich unseren lieben Wirt jetzt schon wieder enttäuschen muss."

Julian zuckte mit den Schultern. „Das lässt sich nicht ändern, los geht's!"

Und so flitzten die Freunde um kurz nach halb zehn aus dem Gasthaus, bevor Huber sie aufhalten konnte. Kija sprang in weiten Sätzen neben ihnen her.

Die Dämmerung hatte sich bereits über die Stadt gelegt, und als die Gefährten den prächtigen Stephansdom erreichten, war die Sonne untergegangen.

Vor dem Dom war kaum mehr etwas los. Ein einsamer Mann, der offensichtlich zu viel getrunken hatte, sang von der großen Liebe. Zwei Frauen machten einen großen Bogen um ihn und verschwanden in einer Gasse.

Dann war der Platz vor dem Riesentor verwaist. Nur einige Laternen spendeten gelbliches Licht, sonst war es ziemlich düster.

„Kommt", sagte Leon und kauerte sich hinter den Wagen eines Bierkutschers, der vor einem Gasthaus stand, aus dem der Lärm der Zecher zu hören war.

Leon spähte unter dem Wagen hervor zum Tor. Gerade die Stelle, an der sich die Tuch- und Leinenelle befand, war besonders dunkel. Vermutlich hatte der Herr der Schatten sie genau deshalb ausgewählt.

Der Herr der Schatten ... Plötzlich wurde Leon abwechselnd heiß und kalt. Konnte es sein, dass der Mann genau wie sie auf der Lauer lag, die Augen auf das Tor gerichtet? Und wenn er jetzt erkannte, dass dort nichts deponiert worden war, würde er sich dann nicht zurückziehen und ihren Blicken verborgen bleiben?

Leon überlegte einen Moment. Dann zog er seine Jacke aus und rollte sie zu einem Bündel zusammen.

„Was wird das?", flüsterte Julian.

„Ein Köder. Der Kerl soll glauben, dass das die Partitur ist", erwiderte Leon und huschte über den Platz zum Tor.

Ein Miauen ertönte und der Junge schaute nach rechts. Kija flitzte neben ihm her. Doch jetzt stoppte sie jäh ab und maunzte klagend.

„Was ist denn?", fragte Leon, der nun auch anhielt, das Bündel in den Händen.

Noch ein Maunzer, diesmal warnend.

Leons Nackenhaare stellten sich auf. Kija schien eine Gefahr zu spüren. Lauerte der Herr der Schatten tatsächlich hier irgendwo im Schutz der Dunkelheit? Zögernd ging der Junge weiter.

Nun maunzte Kija ein drittes Mal. Leon schaute zu ihr hinunter. Ihr Blick war auf eine Gasse auf der linken Seite des Doms gerichtet. Leon erkannte gerade noch, wie sich dort eine Gestalt an die Wand drückte und eins mit der Dunkelheit wurde.

Der Herr der Schatten, das musste er sein!

Leons Knie wurden weich. Aber er gab sich einen Ruck und ging weiter.

Als er das Riesentor erreichte, begannen die Glocken zu läuten. Es war genau zehn Uhr.

Leon legte das Bündel rasch an der vereinbarten Stelle ab. Dann machte er sich zusammen mit Kija aus dem Staub. Sie liefen jedoch nicht zurück zu dem Pferdewagen, sondern bogen in eine benachbarte Gasse ab, denn Leon wollte vermeiden, dass der Verbrecher ihr Versteck entdeckte. Erst als er sicher war, dass ihnen niemand folgte, stieß er über einen kleinen Umweg wieder zu Julian und Kim.

„Und?", fragte er atemlos. „Ist er schon weg?"

„Nein, er kommt gerade", zischte Julian. „Der Kerl musste einen Moment warten, weil zwei andere Männer über den Platz liefen."

Leon spähte zum Dom. Eine Gestalt in einem weiten, wehenden Mantel lief zum Riesentor.

Die Verwandlung

Julian strengte sich so an, etwas zu erkennen, dass seine Augen brannten. Der Herr der Schatten musste sich nun bei der Tuch- und Leinenelle befinden, aber er war aufgrund der Dunkelheit und der Entfernung nicht zu sehen.

Da ertönte ein leiser Fluch.

„Er hat deine Jacke entdeckt", sagte Julian grinsend zu Leon. „Und jetzt ist er vermutlich ziemlich sauer!"

Leon hob den Daumen.

Der Herr der Schatten tauchte nun wieder auf und verließ mit schnellen Schritten den Platz. Als er unter einer Laterne hindurchging, fiel für einen Moment Licht auf sein Gesicht. Er war nicht maskiert.

Sobald er in einer Gasse verschwunden war, zischte Julian: „Los, ihm nach!"

Die Gefährten ließen dem Verbrecher einigen Vorsprung, jedoch immer nur so viel, dass sie ihn nicht aus den Augen verlieren konnten.

„Hoffentlich führt er uns wirklich zu seinem Versteck", sagte Kim.

„Ja, oder zu den Linleys", ergänzte Julian. „Ich bin fest davon überzeugt, dass sie hinter dieser ganzen Sache stecken!"

Der Herr der Schatten schien es eilig zu haben. Er ging so schnell, dass die Freunde fast rennen mussten, um mit ihm Schritt zu halten.

Plötzlich war der Verbrecher nicht mehr zu sehen. Er war wie vom Erdboden verschluckt.

„Mist, wir waren nicht nah genug an ihm dran", schimpfte Leon. „Jetzt haben wir ihn verloren! So eine Chance bekommen wir so schnell nicht wieder …"

Julian legte einen Finger auf die Lippen. „Warte", sagte er nur.

Sie lauschten in die Nacht.

Ein Quietschen wie von einer schlecht geölten Tür.

Julian wirbelte herum. Woher war das Geräusch gekommen?

Da bemerkte er, dass Kija auf ein Haus zulief, das etwa zehn Meter von ihnen entfernt war. Als sie das Gebäude erreicht hatte, setzte sie sich neben den Eingang und drehte sich zu den Gefährten um.

Vorsichtig kamen die Freunde näher.

Das Haus war die reinste Bruchbude. Die Fenster waren kaputt, die Tür hing schief in den Angeln.

Was will Kija gerade hier?, überlegte Julian. Versteckte sich der Herr der Schatten etwa in diesem Gebäude?

Julian zögerte. Dann gab er das Zeichen zum Rückzug, während Kija unbeirrt neben der Tür sitzen blieb.

„Meint ihr, dass der Kerl dort wohnt?", flüsterte Leon.

„Kaum vorstellbar", erwiderte Julian ebenso leise. „Aber vielleicht ist das sein Unterschlupf oder es gibt in diesem Haus einen Zugang zu den Kanälen."

Kim machte unwillkürlich einen Schritt nach hinten.

In diesem Moment schwang die Tür des verfallenen Hauses auf und eine Gestalt erschien.

Die Freunde zogen sich rasch hinter eine Hausecke zurück.

Julian spähte nach vorn. Im Mondlicht erkannte er, dass der Mann, der nun die Gasse hinuntereilte und sich immer weiter von ihnen entfernte, ganz normal gekleidet war – mit einem Gehrock und einer weißen Hose. Er trug ein Bündel unter dem Arm.

Das war nicht der stets schwarz gekleidete Herr der Schatten in seinem weiten Mantel. Julian war enttäuscht. Jetzt hatten sie den Verbrecher wirklich in den Gassen Wiens verloren!

In diesem Moment hörte der Junge ein böses Fauchen. Mit großen Augen sah er, wie Kija den Mann ansprang und ihn biss.

Der Mann schrie auf, schlug nach der Katze, ohne sie zu treffen, und ließ dabei das Bündel fallen. Als es

auf den Boden prallte, fiel es auseinander. Auf dem Kopfsteinpflaster lagen ein schwarzer Mantel und eine schwarze Hose!

Schlagartig wurde Julian klar, dass der Mann, der sich gerade mit einer höchst beißwütigen Katze herumschlug, doch der Herr der Schatten war. Der Kerl hatte sich in der Bruchbude nur umgezogen!

Jetzt ließ die Katze von dem Mann ab und flitzte zum Versteck der Freunde.

Julian beobachtete, wie der Herr der Schatten schimpfend die schwarze Kleidung vom Boden aufhob, sie erneut zu einem Bündel schnürte und seines Weges ging.

„Das hast du gut gemacht", lobte Julian die Katze, die ihm prompt Köpfchen gab. „Aber jetzt kommt, wir dürfen diesen Kerl nicht noch einmal verlieren."

Der Mann lief in nördliche Richtung, bog dann links in den Fleischmarkt ein, kam an der Kirche *St. Ruprecht* vorbei, hielt sich rechts und erreichte schließlich die Donau, die silbergrau im Mondlicht glänzte.

Dort steuerte er zügig ein hell beleuchtetes Gartenlokal an, das malerisch direkt am Fluss lag. Über dem Eingang hing ein Schild: „Gasthaus zum Karpfen".

„Den Namen haben wir doch schon mal gehört", sagte Julian.

„Richtig, die Linleys haben dieses Lokal erwähnt. Sie wollten dort essen gehen, weil es da angeblich so gute Fischgerichte gibt. Für mich wäre das ein Grund, hier nicht hinzugehen", ergänzte Kim, die keinen Fisch mochte.

Der Herr der Schatten ging unter dem Schild hindurch und entschwand ihren Blicken.

Rasch folgten die Gefährten ihm und betraten nun ebenfalls den Garten, der von zahlreichen Laternen erhellt und von einer mannshohen Hecke begrenzt wurde. Die etwa 30 Tische waren gut besetzt. Kellner wuselten mit voll beladenen Tabletts von Gast zu Gast.

Julian schaute sich vorsichtig um – wo war der Verbrecher?

Da! Der Herr der Schatten ging einen Gang zwischen zwei Tischreihen entlang. Und dort saßen tatsächlich die beiden Linleys!

Die Überraschung

Doch die Freunde, die nach wie vor am Eingang des Gartenlokals standen, erlebten eine Überraschung. Der Herr der Schatten ging an den Linleys vorbei, ohne sie zu beachten. Auch die beiden Musiker machten keine Anstalten, Kontakt mit dem Verbrecher aufzunehmen.

Kim grübelte vor sich hin. Hatten die Linleys etwa gar nichts mit der Sache zu tun?

Der Herr der Schatten steuerte nun auf einen Mann zu, der einen Tisch am Ende des Gartens gewählt hatte. Wer dieser Mann war, konnte Kim noch nicht erkennen.

Sie mussten unter allen Umständen vermeiden, dass der Verbrecher sie entdeckte. Und sie mussten herausfinden, wer sein Auftraggeber war!

„Lasst uns in einem Bogen um die Wirtschaft herumlaufen. Die Hecke bietet uns Schutz", schlug Kim vor. „So gelangen wir vermutlich von hinten zum Tisch der beiden und können sie belauschen."

Gesagt, getan. Im Schutz der Hecke pirschten sich die Freunde an den besagten Tisch heran. Dort kauerten sie sich auf den Boden und spitzten die Ohren. Kija schmiegte sich an Kims Knie.

Vorsichtig, ganz vorsichtig drückte Kim ein paar Zweige der Hecke beiseite. Die beiden Männer saßen nebeneinander und schauten genau in ihre Richtung. Zum ersten Mal sah Kim das Gesicht ihres Entführers: Es war länglich und pockennarbig. Der Kerl hatte eine fleischige, platte Nase und Lippen, dünn wie Bügelfalten. Doch das Gesicht seines Nebenmanns war weitaus interessanter! Kims Kinnlade klappte herunter. Den Mann, der neben dem Herrn der Schatten saß, kannte sie, und zwar vom Hof des Kaisers! Er war ziemlich dick und hatte Ähnlichkeit mit einer Bulldogge. Wie hieß er noch gleich? Wolfgang hatte den Namen erwähnt, da war sich Kim ganz sicher.

Nun warfen auch Leon und Julian einen Blick durch die Hecke. An ihren Gesichtern konnte Kim ablesen, dass auch ihre Freunde den Mann erkannt hatten. Sie tauschten alarmierte Blicke.

Und plötzlich fiel Kim der Namen des dicken Mannes ein: Das war Giuseppe Affligio, der Wiener Hof-Intendant! Aber was wollte er vom Herrn der Schatten?

„Wie konnte das geschehen?", fragte Affligio in diesem Moment missmutig.

Der Herr der Schatten schnaufte wütend. „Ich weiß es nicht. Das Zeug war nicht am vereinbarten Ort."

Das Zeug?, dachte Kim in ihrem Versteck. Bestimmt

war die Buffa gemeint! Doch was hatte der Hofintendant mit der Sache zu tun?

Affligio senkte die Stimme zu einem Flüstern. „Aber das Mädchen ist noch in Eurer Hand?"

„Ja, es kann nicht entkommen."

Hast du eine Ahnung, dachte Kim grinsend.

„Wenigstens etwas. Ihr werdet den anderen beiden Kindern ein weiteres Ultimatum stellen. Wenn ihnen etwas an der Kleinen liegt, werden sie schon spuren", sagte Affligio.

Der Herr der Schatten nickte. „In Ordnung, ich kümmere mich noch heute Nacht darum."

„Ich muss diese Buffa haben!", zischte sein Gegenüber gereizt. „Und dann werde ich sie entweder zerstören oder – noch besser – ein wenig umschreiben, um sie dann als mein Werk auszugeben. Dieses Stück wird dem Kaiser gefallen!"

„Ihr scheint Angst vor dem kleinen Mozart zu haben", sagte der Herr der Schatten kühl.

„Das habe ich nicht!", erwiderte Affligio unnötig laut. Dann senkte er seine Stimme wieder. „Ich habe nur Angst um meine Anstellung am Hof. Versteht Ihr denn nicht, dass alles, was ich mir mühsam aufgebaut habe, in Gefahr ist? Dieser kleine Kerl mit seinem unglaublichen Talent ist auf dem besten Weg, mir den Rang abzulaufen. Sein Vater hat schon angekündigt, dass sein Sohn nur noch für den Kaiser arbeiten will –

die Buffa aus Wolfgangs Feder sei nur der Anfang. Und als was würde Wolfgang am Hofe schon tätig sein? Als Hofintendant natürlich! Ein zwölfjähriges Wunderkind in dieser Funktion, oh ja, das wäre eine Sensation! Joseph II. liebt solche Inszenierungen, das wissen wir doch alle. Er könnte sich rühmen, dass an seinem Hof ein einzigartiges Talent zugange sei, das er selbstverständlich höchstpersönlich entdeckt und gefördert habe."

Der dicke Hofintendant wischte sich mit der Serviette über die Stirn. „Wie kann Gott es zulassen, dass einige Menschen mit einem solchen Talent gesegnet sind und andere nicht? Ich habe mir immer alles hart erarbeiten müssen", klagte er.

„Mir kommen gleich die Tränen", sagte der Herr der Schatten.

„Spart Euch Euren Spott", zischte Affligio wütend. „Kümmert Euch lieber um Eure Aufgabe."

Ein Kellner brachte Getränke an den Tisch der Männer, und diese wechselten prompt das Thema.

„Wir sollten die Mozarts benachrichtigen", raunte Kim den Jungen zu. „Offensichtlich haben wir die Linleys zu Unrecht verdächtigt – dieser Affligio scheint hinter allem zu stecken!"

„Gut, das übernehme ich", bot Julian an und war auch schon unterwegs.

Kim überlegte. Die Domgasse, in der die Mozarts

lebten, war nicht allzu weit entfernt. Aber eine Viertelstunde würde Julian für den Hin- und Rückweg auf jeden Fall brauchen, auch wenn er rannte. Sie mussten einfach hoffen, dass Affligio und der Herr der Schatten noch ein Weilchen im „Karpfen" blieben.

Sobald der Kellner weg war, vertieften sich der Hofintendant und der Herr der Schatten wieder in ihr Gespräch über die Mozarts. Affligio schien regelrecht von Neid zerfressen zu sein. Er ließ kein gutes Haar an seiner vermeintlichen Konkurrenz.

Wenn Kim eine Uhr dabeigehabt hätte, so hätte sie alle paar Sekunden drauf geschaut. Wo blieb Julian nur?

Sie linste wieder zum Tisch der beiden Männer. Die Gläser waren noch halb voll – so schnell würden Affligio und der Entführer also vermutlich nicht gehen.

Nach etwa einer Viertelstunde, die Kim wie eine kleine Ewigkeit vorgekommen war, entdeckte sie plötzlich drei bekannte Gesichter im Gartenlokal: Da kam Julian, gefolgt von Wolfgang und Leopold Mozart. Sie liefen im Rücken der beiden Täter auf diese zu. Kurz bevor das Trio den Tisch erreichte, quetschten sich Kim, Leon und Kija durch die Hecke.

Der Herr der Schatten sprang auf und deutete auf Kim. „Wie bist du denn …" Er brach mitten im Satz ab.

„Ist das etwa die Kleine, die Ihr Euch geschnappt hattet?", knurrte Affligio, der offenbar keine Veranlassung sah, ein Blatt vor den Mund zu nehmen.

„Richtig!", rief Kim. „Aber diesmal bin ich nicht allein. Diesmal habe ich meine Freunde dabei – und die Mozarts!"

„Die Mozarts?" Die beiden Männer schossen herum.

„Grüß Gott", säuselte Affligio und verneigte sich andeutungsweise.

Leopold Mozart bohrte ihm erbost seinen Zeigefinger in die Brust. „Lasst die Freundlichkeiten, sie sind ohnehin nicht ernst gemeint. Ihr, Affligio, und dieser Herr neben Euch, habt versucht, Euch die Buffa meines Sohnes unter den Nagel zu reißen! Und Ihr habt dieses Mädchen entführen lassen, um die beiden Jungen zu erpressen!"

„Aber nicht doch!", wehrte Affligio ab.

„Doch, so war es!", rief nun Wolfgang. „Und ich habe meine Freunde des Diebstahls beschuldigt, dabei hatten sie gar keine andere Wahl!"

„Welch eine blühende Fantasie", rief Affligio und lachte falsch. „Aber ich versichere Ihnen, liebe Mozarts, dass in dieser Geschichte noch nicht einmal ein Fünkchen Wahrheit steckt!"

Jetzt reichte es Kim. „Quatsch, dieser Mann ist der Herr der Schatten!", rief sie laut und deutete auf ihren Entführer.

Schlagartig verstummten sämtliche Gespräche an den umliegenden Tischen.

Der Herr der Schatten wich zurück. „Wie kommst du denn darauf, du freche Göre?"

Kim schnappte sich das Bündel, das neben dem Mann auf dem Stuhl lag. „Hier!", rief sie triumphierend. „Das sind die schwarzen Sachen, die er trägt, wenn er zuschlägt – als der Herr der Schatten. Und seht nur, hier ist auch das Tuch, mit dem er sein Gesicht unkenntlich macht."

Da gab der Herr der Schatten Leopold Mozart einen heftigen Stoß, sodass dieser zu Boden stürzte.

Der Täter setzte über ihn hinweg und floh den Gang zwischen den Tischreihen hinunter. Schreie wurden laut – aber niemand griff ein.

Ohne groß nachzudenken, nahm Kim die Verfolgung auf. Sie raffte den Rock, legte einen perfekten Sprint hin und kam dem Mann immer näher.

Doch unvermittelt wirbelte der Herr der Schatten herum.

Kims Augen weiteten sich vor Entsetzen – in der Hand des Mannes lag wieder ein Messer!

Mit einer blitzschnellen Bewegung warf er es in Kims Richtung.

Das Mädchen zog den Kopf ein und spürte einen Lufthauch. Kreidebleich drehte sich Kim um. Das Messer steckte im Stamm eines Baumes.

Kims Angst schwand und wich einer kalten Wut. Sie rannte dem Mann weiter hinterher – und die Wut schien ihr Flügel zu verleihen. Sie holte den Fliehenden ein und stellte ihm von hinten ein Bein.

Der Herr der Schatten geriet ins Straucheln, krachte gegen einen Tisch, von dem Speisen und Getränke in alle Richtungen flogen, und landete schließlich auf dem Boden.

Jetzt wagten es zwei kräftige Männer, sich auf den Täter zu stürzen.

Es gab eine wilde Prügelei, bei der diverse Bierhumpen, ein Brotzeitteller und sogar ein Stuhl zum Einsatz kamen. Schließlich konnte der Herr der Schatten überwältigt und gefesselt werden. Jemand lief los, um die Stadtwachen zu holen.

„Nicht schlecht", wurde Kim von Wolfgang gelobt, als sie wieder bei den anderen stand. „Das hätte ich nie geschafft."

„Du hast dafür ganz andere Talente", gab Kim lächelnd zurück. Dann starrte sie Affligio an und rief: „Gebt es zu, dieser Mistkerl hat in Eurem Auftrag gehandelt!"

Affligios Augen huschten unruhig hin und her. Auf seiner Stirn stand kalter Schweiß, den er immer wieder abtupfte.

„Was ist nun?", hakte Leopold nach.

„Ja", gestand der Hofintendant kleinlaut. „Ich mag

ein guter Komponist sein, aber mir fehlt die Brillanz. Und dann kamst du, Wolfgang, mit deinem schier unglaublichen Talent. Ich konnte es nicht ertragen, dass du mich überflügelst. Wenn du nur ein guter Musiker gewesen wärst, das hätte ich noch ausgehalten. Aber ein zwölfjähriger Komponist von solcher Güte, das war einfach zu viel für mich!"

„Steckt Ihr auch hinter dem Angriff auf den Arzt Tissot?", forschte Kim nach.

„Ja, der Herr der Schatten sollte Tissot zwingen zu behaupten, dass Wolfgang niemals in der Lage sei, selbst zu komponieren. Doch Tissot weigerte sich und verließ Wien. Und als ich erfuhr, dass Wolfgang im Auftrag des Kaisers sogar eine Buffa schreibt, mit der er sein Ausnahmetalent bewiesen hätte, beschloss ich, das Werk rauben zu lassen."

„Und Euer Mann fürs Grobe war einmal mehr der Herr der Schatten, richtig?"

„Ja, wir wussten, dass du und deine Freunde Zugang zum Haus der Mozarts hattet", sagte Affligio zu Kim. „Also wurdest du entführt, um deine Freunde zu erpressen. Wir wollten sie zwingen, die Buffa zu stehlen."

Kim schüttelte angewidert den Kopf.

In diesem Moment eilten vier kräftige Wachsoldaten heran.

„Gut, dass Ihr kommt", sagte Leopold Mozart zum Hauptmann der kleinen Truppe und erklärte, was passiert war. „Nehmt diese beiden Männer mit ins Gefängnis. Gleich morgen will ich den Kaiser persönlich davon in Kenntnis setzen, was sein Hofintendant für ein Mensch ist", sagte er abschließend.

Affligio und der Herr der Schatten wurden abgeführt.

„Was für eine unglaubliche Geschichte", sagte Wolfgang mit leuchtenden Augen. „Ich bin euch wirklich zu großem Dank verpflichtet."

„Das haben wir doch gerne gemacht", sagte Kim.

„Morgen wollen wir groß feiern", schlug Leopold Mozart vor. „Und zwar im ‚Schwarzen Bären'. Doch diesmal sollt ihr uns nicht bedienen, sondern meine Gäste sein."

„Ja, und die Linleys laden wir auch ein", rief Wolfgang. „Ich finde den Junior eigentlich ganz nett. Außerdem haben wir sie zu Unrecht verdächtigt!"

Gemeinsam gingen sie zum Tisch der Linleys.

„Was war denn das für ein Tumult?", wollte der Senior wissen.

Julian ergriff das Wort und erzählte, was geschehen war.

Die Linleys kamen aus dem Staunen gar nicht mehr heraus und beteuerten immer wieder, dass sie von den Verbrechen nichts gewusst hätten, woran auch niemand zweifelte.

Doch da erinnerte sich Julian an etwas. „Vor vier

Tagen habt ihr nachts einem Mann vor dem Gasthaus einen Beutel gegeben. Was hatte es damit auf sich?"

Die Gesichtszüge des Seniors gefroren. Er hüstelte. Offenbar war ihm die Sache ziemlich peinlich. „Nun, ich kenne diesen Mann von früheren Besuchen in Wien. Er ist eine Art Detektiv, der in meinem Auftrag herausfinden sollte, ob nicht doch Leopold statt Wolfgang die Buffa schreibt ..."

„Unerhört!", brauste Leopold auf.

Doch Wolfgang hob die Hände. „Bitte, ich will keinen Streit mehr! Ich möchte, dass wir uns versöhnen und morgen zusammen feiern."

Für einen Moment herrschte Stille. Dann nickten sowohl Leopold Mozart als auch Linley senior.

„Wunderbar", riefen die Gefährten. „Dann also bis morgen!"

Und so gingen die Freunde, die Mozarts und die Linleys in dieser milden Wiener Nacht auseinander.

Vor dem Lokal blieb Leon stehen und atmete tief ein und aus. „Wolfgang hat Recht – was für eine Geschichte! Ein Glück, dass wir dem Herrn der Schatten und diesem Affligio das Handwerk gelegt haben."

Julian sah seine Freunde nachdenklich an. „Eigentlich haben wir den Fall gelöst ..."

Kim lächelte. „Wenn ich euch richtig verstehe, dann meint ihr, dass es Zeit für die Rückreise ist, oder?"

Die Jungen nickten.

Kim beugte sich zu Kija hinunter. „Und was meinst du?"

Die Katze rieb sich an ihren Beinen.

„Na gut", sagte Kim leise. „Dann kommt jetzt wieder einer dieser heimlichen Abschiede. Daran werde ich mich nie gewöhnen."

Die Freunde liefen schweigend zur Karlskirche. Und dort war sie auch schon, die große, weiße Säule, durch die Tempus sie ins Wien des Jahres 1768 geschickt hatte.

Kim seufzte und warf einen letzten Blick auf den großen Platz und die stattlichen Häuser.

Dann traten die Freunde in die Säule – und nichts hielt sie auf.

Tempus holte sie heim nach Siebenthann.

Eine süße Belohnung

Der letzte Ton verhallte in der großen Aula der Schule. Dann brandete Applaus auf. Die Zuhörer klatschten begeistert und einige trampelten sogar mit den Füßen.

Auch Leon, Kim und Julian waren im Publikum und hatten sich das klassische Konzert der diesjährigen Preisträger eines Nachwuchswettbewerbs angehört – vor allem, weil auch ihr Mitschüler Alexander mit seinem Cello auf der Bühne saß.

Der Dirigent drehte sich zum Publikum um und verneigte sich tief. Dann machte er eine ausladende Handbewegung und deutete auf sein Orchester. Die Musiker erhoben sich von ihren Stühlen und verneigten sich ebenfalls.

„Bravo, bravo!", riefen die Leute in der voll besetzten Aula.

Nun stand Leon auf und viele folgten seinem Beispiel. Die Musiker bekamen stehende Ovationen.

Leon schaute zu Alexander, dem mit Abstand Jüngsten im Orchester. Er hatte rote Wangen und strahlte über das ganze Gesicht.

Eine Viertelstunde später standen die Freunde zusammen mit Alexander auf dem Parkplatz vor der Schule. Ihr Mitschüler hatte gerade sein Instrument in den Kombi seiner Eltern geschoben. Die beiden saßen schon im Auto.

„Du warst echt super!", sagte Kim.

Alexander blickte bescheiden zu Boden.

„Und eigentlich hättest du eine Belohnung verdient", meinte Leon.

„Oh, die habe ich schon bekommen", erwiderte Alexander. „Habt ihr denn den Beifall nicht gehört?"

„Doch, klar." Leon grinste. „Aber ich dachte eher an eine süße Belohnung!"

Alexander sah ihn fragend an.

„Wir gehen noch ins Venezia und gönnen uns einen Eisbecher! Und so etwas hättest du auch verdient!", erklärte Julian.

Alexander schaute auf seine Armbanduhr. „Es ist ja schon acht Uhr …"

„Na und? Heute ist Samstag!", erwiderte Leon und ging zu Alexanders Eltern. „Ihr Sohn muss noch mit uns proben!", behauptete er. „In einer Stunde ist er garantiert zu Hause!"

Alexanders Eltern warfen sich einen kurzen Blick zu. Dann waren sie einverstanden und luden das Instrument wieder aus. „In Ordnung, bis später", riefen sie und fuhren davon.

„Und was proben wir jetzt?", fragte Alexander verständnislos, als der Kombi verschwunden war.

Leon grinste. „Proben? Oh, da habe ich mich wohl versprochen. Ich wollte natürlich *probieren* sagen. Wir probieren die Eisspezialitäten im Venezia!"

Wolfgang Amadeus Mozart – das kurze Leben eines Genies

An einem kalten Winterabend, dem 27. Januar 1756, wurde Mozart um acht Uhr abends in der Salzburger Getreidegasse 9 geboren. Er was das siebte Kind der Mozarts, doch nur seine vier Jahre ältere Schwester Maria Anna Walburga Ignatia („Nannerl") überlebte wie Wolfgang die erste Zeit nach der Geburt. Wolfgangs Eltern waren der Augsburger Musiker Leopold Mozart und die aus Sankt Gilgen stammende Anna Maria Pertl. Leopold Mozart war aus beruflichen Gründen in Salzburg, ab 1757 war er Hofkomponist und ab 1763 Vizekapellmeister. Schon am Vormittag nach seiner Geburt wurde Wolfgang im Dom von Salzburg auf den Namen Joannes Chrysostomus Wolfgangus Theophilus getauft. Der Rufname war Wolfgang, aber auch Wolferl oder Woferl.

Bereits im Alter von vier Jahren erhielten Wolfgang und Nannerl vom Vater den ersten Musikunterricht. Beide entwickelten sich zu wahren Wunderkindern, jedoch blieb Nannerl immer im Schatten ihres Bruders. Schon 1761 bezeichnete Vater Mozart ein *Andante* und ein *Allegro* als „*Wolfgangerl Compositiones*". 1762 folgten Wolfgangs erste Auftritte, vor allem vor dem Adel in Passau und Wien.

Am 9. Juli 1763 startete die Familie zu einer ausgedehnten Tournee durch ganz Europa, die insgesamt dreieinhalb Jahre dauerte. Unter anderem waren die Mozarts in Paris, London, Amsterdam, Frankfurt und Köln. Während dieser Reise komponierte Wolfgang seine ersten *Sonaten*.

Nach der Rückkehr durfte Wolfgang seine erste Oper „Die Schuldigkeit des ersten Gebotes" (die der Elfjährige zusammen mit wesentlich älteren Musikern komponiert hatte) in Salzburg aufführen. Anschließend folgte eine Reise mit der Familie nach Wien. Ab Januar 1768 komponierte Wolfgang dort unter anderem die Buffa „La finta semplice", die im vorliegenden Buch eine wichtige Rolle spielt. Wolfgang schrieb die komische Oper tatsächlich im Auftrag des Kaisers. Im Juli war das umfangreiche Werk fertig, wurde jedoch nicht aufgeführt. Schuld war eine Intrige des Hofintendanten Giuseppe Affligio, der offenbar im jungen Mozart eine Konkurrenz sah. Der geplante Diebstahl der Buffa und der Herr der Schatten entspringen jedoch der Fantasie des Autors.

Tatsächlich musizierte Wolfgang auch mit dem jungen Thomas Linley zusammen – es gibt ein zeitgenössisches Gemälde, das die beiden Wunderkinder zeigt. Es stimmt ebenfalls, dass Wolfgang vom Schweizer Arzt und Talentforscher Tissot beobachtet und untersucht wurde. Das Duell der Wunderkinder in der Hofburg hat es jedoch nicht gegeben.

Zurück zu Wolfgangs Lebenslauf: Nach 15 Monaten in Wien kehrten die Mozarts wieder nach Salzburg zurück, wo „La finta semplice" am 1. Mai 1769 endlich aufgeführt wurde. Im Oktober erhielt Wolfgang seine erste Anstellung – als dritter Konzertmeister der Salzburger Hofkapelle (allerdings bekam er kein Gehalt). Bereits im Dezember 1769 brachen Vater und Sohn zu einer weiteren Reise auf. Diese führte sie dreieinhalb Jahre durch Italien, wo Wolfgang überall begeistert gefeiert wurde. Doch die erhoffte Festanstellung fand Wolfgang in Italien nicht, sodass er mit seinem Vater nach Salzburg zurückkehrte. Dort war Wolfgang von 1772 bis 1777 Konzertmeister der Salzburger Hofkapelle (diesmal mit Gehalt).

Doch Wolfgang war damit nicht zufrieden. 1777 brach er wieder zu einer Tournee auf, diesmal begleitet von seiner Mutter. Diese Reise führte ihn bis nach Paris, wo seine Mutter starb – ein schwerer Schlag für Wolfgang, der seine Mutter wie seinen Vater abgöttisch geliebt hatte.

Die Stellensuche in der Ferne verlief erfolglos, Wolfgang kehrte nach Salzburg zurück, wurde Hoforganist und komponierte weiter (unter anderem die „Krönungsmesse"). Doch Wolfgang strebte nach mehr, er verließ 1781 Salzburg und zog nach Wien, um sich dort als freischaffender Komponist niederzulassen. Hier schrieb er so berühmte Werke wie „Die Entführung aus dem Serail", „Don Giovanni" oder „Eine kleine Nachtmusik".

Am 4. August 1782 heiratete Mozart Constanze Weber, die in den folgenden Jahren sechs Kinder von ihm zur Welt brachte, von denen vier bereits nach kurzer Zeit starben. Auch Wolfgangs Vater Leopold starb in dieser Zeit (28. Mai 1787).

Musikalisch und finanziell hatte Wolfgang zu dieser Zeit viel Erfolg – es ging ihm wirtschaftlich blendend. Jedoch neigte er dazu, das Geld mit vollen Händen auszugeben. Als sein Werk „Le nozze di Figaro" beim Publikum nicht gut ankam, verschlechterte sich seine finanzielle Situation. Den beruflichen Misserfolg versuchte Wolfgang durch Reisen auszugleichen. Aber weder die Reise nach Berlin 1789 noch die nach Frankfurt 1790 verhalfen ihm zu Wohlstand. Die vom Kaiser erbetene Oper „Così fan tutte" fand nur mäßigen Anklang. Erst der große Beifall für die „Zauberflöte" versprach wirtschaftliche Besserung.

Wenige Wochen nach der Uraufführung am 30. September 1791 wurde Mozart schwer krank.

Er hatte hohes Fieber und starb am 5. Dezember um ein Uhr morgens.

Tags darauf wurde er beerdigt. Wolfgang Amadeus Mozart wurde nicht ganz 36 Jahre alt.

Glossar

Affligio, Guiseppe   Intendant am Hof von Kaiser Joseph II.; seine Lebensdaten sind nicht überliefert.

Arkadengang   Eine Arkade ist ein von Pfeilern oder Säulen getragener Bogen (von lateinisch arcus = Bogen).

Biografie   Lebensbeschreibung einer Person

Blunzn   Blutwurst

Buchteln   Hefegebäck, zumeist mit Vanillesoße

Buffa   eigentlich Opera buffa: eine komische Oper (im Gegensatz zur Opera seria, der ernsthaften Oper)

Cello   (eigentlich Violoncello) Streichinstrument, das vom Musiker mit einem Bogen gestrichen wird

Cembalo   historisches Tasteninstrument, das seine Blütezeit vom 15. bis zum 18. Jahrhundert hatte. Der Vorläufer des Klaviers hat einen sehr hellen, angenehmen Klang.

Damast   aufwendig gewebter Stoff, oft aus Seide, manchmal auch aus Kammgarn oder Leinen

Donau   mit knapp 3000 Kilometern Länge nach der Wolga der zweitlängste Strom Europas; die Donau entspringt im Schwarzwald und mündet im Schwarzen Meer.

Duett Musikstück, das von zwei Musikern vorgetragen wird

Fiaker bezeichnet zum einen eine zweispännige Kutsche, die man mieten kann, und zum anderen deren Kutscher

Fiale Bauelement; aus Stein gemeißeltes, schlankes und spitz zulaufendes Türmchen

Geselchtes geräuchertes Fleisch

Gobelin Wandteppich

Hellebarde Hieb- und Stichwaffe mit einem bis zu zwei Meter langen Holzgriff

Heuriger junger Wein (von heuer = diesjährig)

Hofburg Von 1438 bis 1583 und von 1612 bis 1806 war die Hofburg die Residenz der Könige und Kaiser des Heiligen Römischen Reiches, anschließend die Residenz der Kaiser von Österreich (bis 1918). Heute ist sie der Amtssitz des österreichischen Bundespräsidenten.

Joseph II. Der Erzherzog von Österreich wurde 1764 römisch-deutscher König, war von 1765 bis 1790 Kaiser des Heiligen Römischen Reiches Deutscher Nation und ab 1780 auch König von Böhmen, Kroatien und Ungarn. Der musikbegeisterte Herrscher wurde am 13.3.1741 in Wien geboren und starb dort am 20.2.1790.

Karlskirche Nach der letzten großen Pestepidemie gelobte Kaiser Karl VI., eine Kirche für seinen Namenspatron Karl Barromäus zu bauen, der auch als Pestheiliger gilt. Mit dem Bau der Barockkirche wurde 1716 begonnen, bereits 1737 war sie fertig.

Kassettendecke Decke eines Raumes, die mit quadratischen Vertiefungen, also Kassetten, verziert ist.

Kreuzblume Bauelement in Kreuz- bzw. Blätterform, oft als krönender Abschluss auf einer Fiale zu sehen.

Kreuzer Münze, die einst in Österreich, der Schweiz und in Bayern verbreitet war. 100 Kreuzer ergaben einen Gulden. 1892 wurde in Österreich auf die Kronenwährung umgestellt. Zu Mozarts Zeit verdiente ein Hausmädchen 12 Gulden im Jahr, ein Lehrer etwa 22 Gulden. Wolfgang Amadeus Mozart erhielt bis zu 10.000 Gulden pro Jahr.

La finta semplice von Wolfgang Amadeus Mozart im Alter von 12 Jahren verfasste Buffa (Dauer: etwa 2,5 Stunden)

Linley, Thomas junior englischer Komponist und Geiger (7.5.1756 bis 5.8.1778), der bereits mit sieben Jahren Violinkonzerte gab. Er ertrank bei einer Bootsfahrt.

Linley, Thomas senior englischer Musiker (Orgel) und Komponist (17.1.1733 bis 19.11.1795)

Liptauer pikanter Brotaufstrich mit Paprika und Kräutern, mitunter auch mit Schafskäse angemacht

Maßwerk geometrisch und dekorativ geschnittene Bauornamente aus Stein

Mozart, Anna Maria (geborene Pertl) Die Mutter von Wolfgang Amadeus und seiner Schwester „Nannerl" wurde am 25.12.1720 geboren. 1747 heiratete sie Leopold Mozart. Am 3. Juli 1778 starb sie in Paris.

Mozart, Leopold deutscher Komponist und Musiklehrer, der zeit seines Lebens in Salzburg wirkte. Er lebte vom 14.11.1719 bis zum 28.5.1787 und war der Vater vom Wolfgang und seiner Schwester.

Mozart, Maria Anna Walburga Ignatia (genannt Nannerl); weltberühmte Pianistin, Schwester von Wolfgang Amadeus Mozart. Bereits mit elf Jahren spielte sie die schwersten Sonaten auf dem Klavier. Sie galt wie ihr Bruder als Wunderkind und lebte vom 30.7.1751 bis zum 29.10.1829.

Mozart, Wolfgang Amadeus österreichischer Komponist und Musiker (27.1.1756 bis 5.12.1791).

Paravent zusammenlegbare und überall aufstellbare Wand; sie besteht aus mehreren, mit Scharnieren verbundenen Rahmen, die mit Papier oder Stoff bezogen sind und als Raumteiler dienen.

Partitur übersichtliche Anordnung aller Einzelstimmen einer Komposition, damit der Dirigent das musikalische Geschehen auf einen Blick überschauen kann

Portikus Säulenhalle oder Säulengang

Powidltascherl süße Spezialität aus mit Pflaumenmus gefüllten Kartoffelteigtaschen

Presskopf mageres Kopffleisch vom Schwein in Aspik

Riesentor Hauptportal des Stephansdoms; es wird auf beiden Seiten von sieben trichterförmigen Säulen mit Pflanzenmustern begrenzt.

Salzburg viertgrößte Stadt Österreichs, rund 147.000 Einwohner. Bereits in der Steinzeit war das Gebiet bewohnt. Ab 450 v. Chr. siedelten dort die Kelten. Im Jahr 5 n. Chr. eroberten die Römer die Stadt und herrschten dort bis ins Jahr 488. Das älteste bekannte Stadtrecht Salzburgs stammt aus dem Jahr 1287.

Schinkenfleckerl Auflauf aus Teigwaren und Schinken

Sekretär hier: ein historisches Möbelstück mit einer Schreibfläche

Sonate mehrsätziges Instrumentalstück

Stelzen hier: gegrillte Unterschenkel vom Schwein oder Kalb

Stephansdom Das Wahrzeichen Wiens, das von den Einheimischen auch kurz Steffl genannt wird, ist 107 Meter lang und 39 Meter breit (Langhaus). Der Südturm ist 136 Meter hoch und somit der drittgrößte Kirchturm Europas (überragt wird er nur von den Kirchtürmen in Ulm und Köln). Baubeginn war 1137, vollendet wurde der Dom Mitte des 16. Jahrhunderts (allerdings gab es danach noch zahlreiche Umbauten).

St. Ruprecht eine der ältesten Kirchen Wiens; vermutlich um 740 n. Chr. erbaut, im Jahr 1200 erstmals urkundlich erwähnt. Sie ist dem heiligen Ruprecht, dem Schutzpatron der Salzschiffer, geweiht.

Tafelspitz Gericht mit gekochtem Rindfleisch, das meistens mit Schnittlauchsoße, Röstkartoffeln und Apfel- oder Semmelkren (Kren = geriebener Meerrettich) serviert wird.

Tagelöhner jemand, der keine feste Arbeit hat und sich Tag für Tag aufs Neue auf Baustellen oder in der Landwirtschaft bewirbt.

Tissot, Samuel-Auguste Schweizer Arzt und Begabungsforscher (1728 bis 1797)

Tuch- und Leinenelle hier: zwei auf der linken Seite des Riesentores des Stephansdoms eingelassene Metallstäbe. Diese Ellen waren einst rechtsgültige Längenmaße und konnten von jedem Bürger zur Überprüfung der Abmessungen von Waren genutzt werden. Im Mittelalter drohten Handwerkern Strafen, wenn ihre Produkte nicht die korrekten Maße hatten.

Vizekapellmeister Stellvertreter des Kapellmeisters (musikalischer Leiter eines Chors oder Orchesters)

Wien Österreichs Hauptstadt hat heute rund 1,7 Millionen Einwohner und ist eines der neun österreichischen Bundesländer. Bereits in der Steinzeit war das Gebiet besiedelt. Nach den Kelten ließen sich dort im 1. Jahrhundert nach Christus die Römer nieder. 1438 wurde Wien die kaiserliche Reichshaupt- und Residenzstadt der Habsburger. Der Name Wien stammt vermutlich vom keltischen Ausdruck Vedunia (= Waldbach).

Die Zeitdetektive
Spannende Reisen durch die Zeit

Miau!

Ihr seid sicher genauso wissbegierig wie Julian, Kim und Leon – stimmt's?

Dann klickt doch mal auf

www.zeitdetektive.de

Dort erfahrt ihr nämlich eine Menge über den **Autor Fabian Lenk** und könnt die **Zeitdetektive besser kennenlernen**. Und falls ihr gerne fachsimpelt: Im Forum warten **andere Zeitdetektive-Fans** auf euch!

In diesem Band sind wir nach Wien gereist, weil wir das Wunderkind Wolfgang Amadeus Mozart treffen wollten. Wenn ihr Lust habt, noch mehr über die komische Oper, die der junge Mozart geschrieben hat, zu erfahren, dann gebt einfach den Code, der hinter der richtigen Antwort auf meine Spezialfrage steht auf

www.zeitdetektive.de

ein und schon seid ihr noch ein bisschen klüger!

Kijas Spezialfrage:

Welchen anderen Namen gibt es für eine komische Oper?

- Bufa   29k203
- Buffi   09e843
- Buffa   81f734

Kleiner Tipp:
Das Glossar in diesem Buch ist sehr hilfreich!

Eure Kija

Ravensburger Bücher

Die Zeitdetektive
Spannende Reisen durch die Zeit

Diese Abenteuer der Zeitdetektive sind bereits erschienen:

Habe ich			ISBN 978-3-473-
◯	Band 1	Verschwörung in der Totenstadt	34518-2
◯	Band 2	Der rote Rächer	34519-9
◯	Band 3	Das Grab des Dschingis Khan	34520-5
◯	Band 4	Das Teufelskraut	34521-2
◯	Band 5	Geheimnis um Tutanchamun	34522-9
◯	Band 6	Die Brandstifter von Rom	34523-6
◯	Band 7	Der Schatz der Wikinger	34524-3
◯	Band 8	Das Rätsel des Orakels	34525-0
◯	Band 9	Das Silber der Kreuzritter	34526-7
◯	Band 10	Falsches Spiel in Olympia	34527-4
◯	Band 11	Marco Polo und der Geheimbund	34528-1
◯	Band 12	Montezuma und der Zorn der Götter	34531-1
◯	Band 13	Freiheit für Richard Löwenherz	34532-8
◯	Band 14	Francis Drake, Pirat der Königin	34533-5
◯	Band 15	Kleopatra und der Biss der Kobra	34534-2
◯	Band 16	Die Falle im Teutoburger Wald	34535-9
◯	Band 17	Alexander der Große unter Verdacht	34536-6
◯	Band 18	Das Feuer des Druiden	34537-3
◯	Band 19	Gefahr am Ulmer Münster	34538-0
◯	Band 20	Michelangelo und die Farbe des Todes	36984-3

Ravensburger

Die Zeitdetektive
Spannende Reisen durch die Zeit

Habe ich			ISBN 978-3-473-
○	Band 21	Der Schwur des Samurai	36985-0
○	Band 22	Der falsche König	36982-9
○	Band 23	Hannibal, Herr der Elefanten	36983-6
○	Band 24	Der Fluch der Wikinger	36979-9
○	Band 25	Das Auge der Nofretete	36980-5
○	Band 26	Der Betrüger von Lübeck	36978-2
○	Band 27	Geheime Zeichen in Pompeji	36975-1
○	Band 28	Mozart und der Notendieb	36976-8

Ravensburger Bücher

Die Zeitdetektive
Spannende Reisen durch die Zeit

Fabian Lenk/Almud Kunert

Der Betrüger von Lübeck

Band 26

Lübeck – 1400 nach Christus. Der angesehene Kaufmann Veckinchusen wird auf offener Straße überfallen, sein Warenlager ausgeraubt. Will ihn jemand ruinieren? Die Zeitdetektive finden heraus, dass gleich drei Verdächtige ein gutes Motiv haben.

ISBN 978-3-473-**36978**-2

www.ravensburger.de